学びの質を高める！

ICTで変える 国語授業 ②

―応用スキル＆実践事例集―

野中 潤 編著

明治図書

はじめに
国語授業をアップデートするために

アウトプットのアップデート

　台湾の外国語教育では，「聞く，読む，話す，書く」の４つの技能に加え，「訳す」「動く」「深める」という３つを合わせた７つの技能が重視されていると言います。この話を聞いたとき，４つの技能で整理することによって見落とされてきた国語科教育の可能性を再発見したような気がしました。

　例えば，「訳す」という技能を念頭において国語科教育の学びを見直したときに浮上してくるのは，古文を現代文に訳すとか，書き言葉を話し言葉に訳すとか，常体を敬体に訳すとか，専門的な表現を一般的な表現に訳すとか，掲示物などを外国人にも伝わるような「やさしい日本語」に訳すなどといった，「訳す」という活動の豊かな可能性です。マンガを物語に書き換えるとか，映画の一場面を小説のように文章化するなどの活動も「訳す」という活動に加えることができます。そこに見えてくるのは，豊かな言語活動によって児童・生徒の創造力を養う授業の可能性です。おそらく「動く」や「深める」という技能にも，従来の国語科教育のあり方を考え直す契機が見出せます。

　そして私があらためて気づかされたのは，４つの技能で授業を構想することが，国語科教育におけるアウトプットの可能性を狭めてきたのではないかということでした。「書くこと」「話すこと」が従来の国語科教育におけるアウトプットのあり方ですが，これだけでは社会で活躍するための資質を十分に伸ばせない時代になっています。典型的な例として挙げられるのは，動画というアウトプットです。有識者や市民がオピニオンを発信する手段は，印刷媒体から動画媒体へと次第にシフトしつつあります。読書する時間が減っ

たということは，インプットが減ったということと同義ではありません。小説を読む代わりに Netflix で長大な物語を視聴し，総合雑誌を読む代わりにSNS やウェブ記事で社会的な課題を学ぶ人が増えているだけかもしれないのです。YouTube 動画だけでも毎日10億回を優に超える教育系の動画が世界中で再生されていると言われています。就職活動をする学生がエントリーシートの代わりに自己 PR 動画をつくることも珍しくありませんし，YouTube 動画を選考資料とする入試も行われています。文部科学省もYouTube チャンネルから多くの動画を配信しています。そして，多くの有識者が YouTube を通じて意見を表明し，研究の成果を発信していることは，まぎれもない現実です。

　文章を書くという営みは依然として大切ですが，国語科の4つの技能を併用しながら，他者と協働して動画というアウトプットに結実させる教育活動の意味は，これからますます大きくなるでしょう。「書くこと」も「話すこと」も包摂した「つくること」というアウトプットに，児童・生徒の言語活動を結実させる授業をいかにデザインするか，そのようなことに向き合うことが必要な時代になっているのです。

人はなぜ学ぶのか

　「なぜ古典を学ぶのか」という問いについて，これまでにいくたびか議論が重ねられてきました。私が自分なりにたどり着いた納得解は，「楽しいから」というものでした。もちろん「受験科目にあるから」とか「人生を豊かに生きるため」などと説明することはできます。しかしこうした説明は，「受験に出ないから学ぶ必要はない」とか「スポーツに打ち込んだりドラマやアニメを見たりすることで，私は心豊かに日々を送ることができる」というような考えをもつ者にとっては納得解になり得ません。古典そのものとは別のところに「目的」を立ててしまうと，学ぶことが「手段」となり，代替手段を想定する思考に導かれてしまうからです。したがって，「なぜ古典を学ぶのか」という問いに対する納得解を手に入れるには，古典を学ぶことそ

のものを目的にするしかありません。つまり，「学びたいから学ぶ」とか「面白いから学ぶ」というあり方で古典に向き合うことができるかどうかということです。「古典を学ぶことが楽しい」と思った生徒は，「なぜ古典を学ぶのか」という疑問を抱くことはないのです。

「なぜ学ぶのか」という問いについても，同じようなことが言えます。赤ん坊が目の前の未知の物体に手を出すのは，何か目的があってのことではありません。とにかく好奇心が湧いてきて目の前のものに手を出し，触ったりなめたりして未知の物体で「遊ぶ」わけです。赤ん坊は「学ぶために遊ぶ」わけではありません。遊びは手段ではなく目的であり，言わば「遊ぶために遊ぶ」のです。そしてそれが結果的に，未知の物体がどういうものであるのかを学ぶことにもつながります。好奇心を満たす営みが「楽しい」からこそ，人は「遊ぶ＝学ぶ」のです。道具で「遊ぶ」ということの中に，「学ぶ」ことを生起させる人間の原初的な欲望があると言ってもよいでしょう。

学ぶことを「楽しい」と思わせ，「なぜ学ぶのか」という疑問が生じないような学びを創出するために，教育 ICT は多くの選択肢を用意してくれます。チャイムが鳴ったとたんに教科書や辞典を片付け始めるのではなく，チャイムが鳴っても学びを止めようとしない児童・生徒を増やす力を，教育 ICT という「道具」は持っています。

VUCA の時代は OODA ループで

令和 2 年度は，新型コロナ感染症による休校の影響で，「例年通り」がまったく通用しない年となりました。やるべきことが決まっていて，おおむね想定の範囲内で物事が進む世界から，何をやるべきかが不透明で想定外のことが次から次へと起こる世界へと否応なく投げ出されたわけです。

パンデミックで世界が混乱に陥る前から「VUCA」という言葉が注目を集めていました。VUCA の 4 文字が表す「Volatility（変動），Uncertainty（不確実），Complexity（複雑），Ambiguity（曖昧）」の時代を，まさに私たちは生きていると言えます。

こうした時代に大事なのは，事前にしっかり研究を重ねて念入りな計画を立て，年度ごとに PDCA をまわすという方法をいったん留保することです。「Plan（計画）→ Do（実行）→ Check（評価）→ Action（改善）」のサイクルを始めるための Plan（計画）を立てることが困難であるのが，VUCA の時代です。どれだけ念入りに計画を立てて周到に準備をしたとしても，想定外の現実に翻弄され，費やした時間のほとんどが徒労に終わってしまう可能性すらあります。だとすれば，Do（実行）に取りかかる前の Plan（計画）に費やす労力を最小化し，とにかくやってみることからスタートして試行錯誤を重ねていくという態度を取ることが肝要です。その際に参考になるのが，OODA ループです。

　OODA というのは，「Observe（観察）→ Orient（状況判断）→ Decide（決断）→ Act（行動）」ということです。PDCA の出発点である Plan（計画）は，頭の中の「理想」や「理念」などから生み出される傾向がありますが，OODA の出発点である Observe（観察）は「現実」や「実際」から始まっているところに特徴があります。「理想」の教育を思い描いて数十時間かけて単元指導計画をつくり，詳細な学習指導案を書いて授業に臨むというような態度ではなく，目の前の児童・生徒の「現実」をしっかり観察するところから出発し，その場で状況判断を行いながら決断をして具体的な行動につなげていくこと，そしてそれを「ループ」として何度も繰り返していくような態度です。計画通りに実施することよりも，目の前の児童・生徒に合わせた行動を積み上げていくことを重視する態度です。いわゆる「走りながら考える」ということを許容する態度だと言ってもよいでしょう。言い換えると，「やりたいこと（計画）をやる（実行）」という枠組みをいったん棚上げにするということにほかなりません。「やりたいこと」という既知のことをやっている限り，授業は想定の範囲内におさまりがちです。定番教材を「例年通り」の枠組みで実施する授業が典型的でしょう。多少の変化や逸脱があったとしても，想定されている着地点に収束していくので，教員の安心・安全が担保されます。しかし，これからの時代に私たちが体験

することになるのは，従来の学びの枠組みを超え，児童・生徒が教員の想定外の世界に飛び出していくような学びです。そのために必要な態度は，「何のために使うのか」という問いに拘泥して前に進むことを躊躇しないことです。児童・生徒をそういう学びに導く前提として，教員がまず「面白い」という気持ちに向き合い，「何のために使うのか」という問いを括弧にくくって，赤ん坊が目の前にある棒きれに向き合うときのように，教育ICTという「道具」に手を出し，好奇心を発露させて「遊ぶ」ことです。

大村はまと TTPS ＝徹底的にパクってシェア

「伝説的な国語教師」の大村はまが，自ら開発した単元学習の数々について知的財産権を主張することができたとしたら，いったいどれだけ多くの不労所得を得ることになったでしょうか。もちろん公刊された本の印税収入は手にしていたでしょう。しかし，授業見学や伝聞によって模倣された分については，本を買わずに立ち読みされたのと同じで印税収入には結びつかず，フリー素材として無償で提供したようなものです。新聞記事の切り抜きや本の一部をコピーして配布する行為であれば，「教育上の特例」ということになりますが，教員としての専門性に関わる独創的なアイデアそのものを「商売敵」とも言える他の国語教師によって模倣されているわけですから，使用料を請求することができてもよさそうなものです。

それでも大村はまも他の教員も，自分がつくった指導案を販売することはありませんし，自分の授業方法を模倣した教員を裁判で訴えることもしません。よりよい授業方法を模倣して広く共有すること―TTPS（徹底的にパクってシェア）は，教員文化の基本原理です。多くの教員が恩師の授業を模倣し，先輩の授業を模倣し，評判の高い実践者の授業を模倣して日々の実践を重ねます。知的生産物をパブリックドメイン（公有）として活用していく営みが教育であるとも言えるわけですから，教員がTTPS（徹底的にパクってシェア）を基本原理とするのはごく自然なことなのです。

本書に掲載された実践のすべては，TTPSされるために集められていま

す。すでに SNS などで共有されているものも含まれていますが，本という形を取ることで，より多くの先生方に模倣したり共有したりしてもらえるのではないかと期待しています。

　ただし，教育現場の実情は千差万別です。本書の実践をそのまま模倣するだけでは，目の前の児童・生徒が置き去りにされる危険性があります。その際に求められるのは，ありあわせのモノで新たな解決策を生み出すブリコラージュ（器用仕事）という手法です。最先端のテクノロジーを使って実施できる，自分にピッタリ合ったアプリや教材は販売されていません。最先端，最前線の世界には，原理的に既製品は存在しないのです。「ありあわせのモノ」「入手可能なモノ」を組み合わせるブリコラージュが求められるのは，そのためです。

　「自分には無理」とか「自分の学校では無理」などと言って，自らの学びを止めないでください。いつも児童・生徒に求めているように，教員もあきらめずに工夫したり努力したりし続けること，できればそういう営みを楽しむこと。多くの実践の中から真似できそうなことをリストアップし，目の前にあるものや今までの実践の中で蓄積してきた知恵を動員し，できること，できそうなことを組み合わせ，仲間を巻き込んで自分に合ったやり方，自分の学校でもできる方法を探り出してください。遊びや無駄や失敗も，今までになかった体験である限り，学びへとつながっているはずです。これからの時代に強く求められているのは，教員がリスクを取って前に進み，「遊ぶ＝学ぶ」ことです。命に関わるリスクは避けなければなりませんが，変化するというリスクを取ることは，国語授業を時代に合わせてアップデートし，22世紀へと続く未来を生きる児童・生徒に豊かな学びをもたらすために，不可避で不可欠のことなのです。

野中　潤

CONTENTS

はじめに―国語授業をアップデートするために

第1章

パッとわかる！学び方をアップデートする ICT 活用のヒント

第2章

学びの質がもっと高まる！ICT ×国語授業づくり

第3章

ポストコロナ時代に求められる ICT 活用

● ハッシュタグ一覧 ●

　実践事例を興味や関心に応じて閲覧していただくための目印として，以下のようなハッシュタグ（#）を付けました。目次に並ぶタイトルとともに，実践事例の探索に役立ててください。

【校種タグ】

　小学校，中学校，高校の３つのタグを，対象学年の目安として付けています。教材を変えたり展開の仕方を変えたりすることで他の校種で実践することも可能です。

【教材タグ】

　説明文，物語文，古文，漢文，詩歌などのタグを，使われている教材のジャンルに応じて付けています。他のジャンルに転用可能な実践も含まれています。論理力というタグは，高等学校の新科目「論理国語」とつながりがある実践に付けています。プログラミングや思考ツールなどを使った実践が含まれています。

【ICT 活用タグ】

　動画，録音，画像，遠隔学習，協働学習，BYOD，授業準備など，ICT活用の特徴を示すためのタグです。動画に関しては，視聴する活動（インプット）と表現する活動（アウトプット）が含まれています。遠隔学習は，学校の内と外をつなぐために ICT が活用されている実践に付けています。

第1章

パッとわかる！
学び方をアップデートする
ICT 活用のヒント

タブレット端末を使って論理的に話す

２枚の写真で「なぜかというと」クイズをしよう

用意する機器 プロジェクター，タブレット端末
おすすめの学年 小学校低学年
領域 〔思考力，判断力，表現力等〕　Ａ　話すこと・聞くこと

　小学校低学年の子どもたちは，日々の生活で自分の頭の中にある漠然としたものを「言語化」することを学んでいます。初めは見たことや考えたことについて「言語化」しますが，だんだん，「なぜかというと」「そのわけは」という論理的な話し方ができるようになってきます。そのほうが自分の思いを友だちに伝えやすいのです。

　論理的思考力育成のスタートとして，タブレット端末を使った「なぜかというと」クイズをします。文字入力の必要がないため小学校１年生での初めてのタブレット端末を使った学習にも使えます。

　まず子どもは自分の嬉しい表情，悲しい表情，驚いた表情などとその理由となる出来事をタブレット端末で撮影します。出来事は，こけた場面や折り紙を上手に折れた場面など，クイズにしたい場面をペアで撮影し合います。

　あとは，２枚の写真を見て，「〇〇さんは嬉しい気持ちだと思います。なぜかというと，折り紙を上手に折れたからです」のように学級全員のつくったクイズに答える形で，論理的な話し方の学習を進められます。

　小学校１年生でのICT活用のため，電源を入れたりタップしたりスワイプしたりする基本的な技能を身につける学習にもなります。１年生からどんどん使って慣れることで，６年間ICTを効果的に活用することができます。

（岩見一樹）

録音機能を使ってメモの取り方を工夫する

目指せ！メモマスター

用意する機器 プロジェクター，タブレット端末
おすすめの学年 小学校中学年
領域 〔思考力，判断力，表現力等〕　A　話すこと・聞くこと

　小学校中学年では，簡潔なメモを書く工夫やメモの意義について学習します。「メモを取る」という行為は，ふだん何気なく行われていますが，子どもたちにとってはたいへん高次の言語活動です。聞いていることが自分にとって大切かそうでないかを瞬時に判断し，要点を書きとめなければなりません。要点をまとめる際には「箇条書き」「記号を使う」「図に表す」など，自分にとって書きやすい方法を探す必要があります。

　そこで，タブレット端末の録音機能を使います。教師が話し，子どもたちがそれを自分のタブレット端末に録音することで，何度も自分の聞きたいところまで戻って聞き直し，箇条書きにしたり記号や図で表したりしながら試行錯誤し，メモの取り方を改善することができます。

　良く書けたメモは大型モニターに映して学級全体で共有します。友だちのメモの良いところを見つけて，次にメモを取るときに意識できるようにします。どの子も書けるように1回目は時間をたっぷり取ります。録音も何度も聞くことができます。2回目からは書く時間を徐々に短くします。学んだ工夫を使わなければ間に合わなくなります。経験を重ねて実際の場で使える力として高めていきます。

（岩見一樹）

説得力のある構成を考えて動画で伝える

YouTuberのようにおすすめの食べ物を推薦しよう

用意する機器　プロジェクター，タブレット端末
おすすめの学年　小学校高学年
領域　〔思考力，判断力，表現力等〕　A　話すこと・聞くこと

　話す活動では構成を考えて原稿をつくり，練習をしてみんなの前でスピーチをすることがあります。しかし，みんなの前で話せるのは1回きりで，うまくいってもいかなくてもそれで終わりとなってしまうことがあります。動画で推薦する活動にすることで，話すことへの認知を促し，何度も自分の表情や話し方を確認し，撮り直すことができます。説得力を高めるために資料やテロップのタイミングを調整することもできます。今までに担任した児童の中に「YouTubeでググる」という子どもがいました。何かを調べるときに動画を見て調べることが今後さらに増えていくと考えると，動画で伝える経験は，動画の批評的受容のためにも必要なのではないでしょうか。

　小学校5年生では，季節におすすめの食べ物を動画で推薦する活動をしました。資料の見せ方や聞く人への投げかけの言葉，予想される反対意見への答えなど，構成を考えてから撮影をしました。撮影と編集を合わせて3時間程度でできました。　　　　　　　　　　（岩見一樹）

タブレット端末でデジタル学級文集づくり
思い出の写真に文章をそえよう

用意する機器 プロジェクター，タブレット端末
おすすめの学年 小学校低学年
領域 〔思考力，判断力，表現力等〕 B 書くこと

　3学期になると，書く学習のまとめとして1年間の思い出を文章に書くことがあります。しかし，「1年間にあったことを思い出して書きましょう」と言ってもなかなか書き出せない子どももいます。

　そこで，教師が1年間の行事などで撮りためてきた写真を子どものタブレット端末に送信します。子どもはタブレット端末に送られてきた何枚もの写真を見ながら自分のペースで1年間の出来事を思い出すことができます。写真の中から自分の書く題材となる写真を選びます。選んだ写真の上から，文章を書きます。文字はソフトウェアキーボードかタッチペンを使うと1年生でも時間をかけずに書くことができます。子ども一人ひとりの力に応じて2枚目，3枚目と写真

を変えて書くこともできます。大きな行事だけでなく，授業や給食，休み時間などの普段の学校生活の写真も撮って入れておくと，書く題材として汎用性が高く便利に使えます。

　完成した成果物は，スライドショーとしてそのまま廊下などに保護者向けに掲示することもできます。

（岩見一樹）

タブレット端末で「ごんぎつね」の挿絵の読み比べ

物語にぴったりな「ごん」を選ぼう

用意する機器 プロジェクター，タブレット端末

おすすめの学年 小学校中学年

領域 〔思考力，判断力，表現力等〕 C 読むこと

　子どものタブレット端末にいくつかの教科書の「ごんぎつね」の写真を送信します。同じ場面を表している挿絵を送り，その中から，どの挿絵が最も本文に適しているかを考えます。

　子どもたちは，タブレット端末に送られてきた「ごんぎつね」の挿絵にタッチペンで着目したことを書き込み，「この絵のここが本文のこの表現と合っている。他の絵は合っていない」という説明をすることで，ごんの性格や境遇に迫ることができます。

　複数の教科書に掲載されている物語であれば「ごんぎつね」以外の物語にも応用することができます。また，絵本などが出版されている物語の場合は，そちらの挿絵と読み比べることもできます。

（岩見一樹）

PowerPoint で詩の楽しみ方を広げる
フリー素材を使って詩を楽しもう

用意する機器　プロジェクター，タブレット端末
おすすめの学年　小学校高学年
領域　〔思考力，判断力，表現力等〕　C　読むこと

　今までの国語科の授業で学習した詩や，好きな作者の詩集からお気に入りの詩を見つけます。

　上段には，お気に入りの詩を書き写します。背景として，フリー素材の写真を貼り付けます。写真の上から好きなフォントや色，サイズで文字を書いていきます　下段には，その詩の好きなところを書いていきます。

　毛筆で書いたり，色紙などに書いたりして詩を楽しむのと同じように，ICT を活用することで，詩の楽しみ方を広げることができます。

（岩見一樹）

21

プレゼンスライド１枚を活用した文章の要約
文章を読み込んでポスターづくり

用意する機器 iPad（タブレット端末）
おすすめの学年 中学１〜３年
領域 〔思考力，判断力，表現力等〕　Ｃ　読むこと

　図や表を使って表現することがあるのにもかかわらず，要約は文章でするものだと決めつけてしまいがちです。「ペライチ」のような１ページでの簡潔な表現に特化したWebサイトの存在や，社会で広く使われている図や表を配置したポスターなどに着想を得て，それらに近い形で要約に取り組めないか考え，実践したのがこの取り組みです。

　プレゼンテーションでは複数枚のスライドを使いますが，あえて１枚にまとめることで対比構造や情報分類をどのように理解できているか可視化されます。本文を読み込み，スライドを作成し，読み込み，作成し……，というサイクルを自然と生み出すことができます。

　keynoteなどスライド作成ができるアプリには画像も多く実装されており，写真なども簡単に編集して使えます。ポスター完成後には学級全員で見合いながら，要約の注意点や本文への理解を深めることができます。　　　　　　　（佐藤邦享）

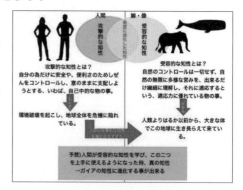

Quizlet Live で復習をする

アプリを使って楽しく復習しよう

用意する機器 iPad（タブレット端末）
おすすめの学年 中学１～３年
領域 〔知識及び技能〕 (1)　言葉の特徴や使い方に関する事項

　Quizlet（クイズレット）は，退屈な授業の復習を楽しい対話的なものに変えてくれるアプリです。自分だけの単語帳を作成でき，フラッシュカード形式やトランプの神経衰弱のように，豊かな形式で学習できます。アプリ内の「Live」という機能では，無作為に生徒をチーム分けして，単語帳の項目を利用した早押しクイズ大会を開催することができます。

　特筆すべき点は，対話を促す点が含まれていることです。１チームの中で正解の選択肢は１人にしか出てきません。当てずっぽうで選ぶことはできず，問われていることについて自然と「これはここが違う」というような対話が生まれます。クイズを何度も繰り返すことで対話の回数が自然と増え，楽しみながら復習の質も上げることができます。

　何でも楽しさがあるということは大事なことです。このアプリを使った復習を帯活動として授業開始後に行っていたところ，「クイズをクリアしたくて休み時間にノートを見返すようになった」という嬉しい生徒の声がありました。自主的な復習を促す点は，指名での復習ではできないことでした。　　　　　　　　　　　　　　　　（佐藤邦享）

How to play Quizlet Live

随想を現代風にアレンジする

Instagram de 徒然草

用意する機器 プロジェクター，パソコン（タブレット，スマートフォン）

おすすめの学年 中学１年〜高校１年

領域 〔思考力，判断力，表現力等〕　C　読むこと

　徒然草を学ぶ際，「随想」らしさを生かして冒頭部分を Instagram 風に表現させてみました（中学３年での実践）。最後の「あやしうこそものぐるほしけれ」（係り結びの法則で強調されるほど，「あやし」なくらい「もの狂ほし」な感じ）をどう現代風に表現するかで盛り上がり，古文を遠い昔のものにせず，自分たちの生きる現代に結びつけて捉えさせることができました。

　なおこの実践では，生徒たちは教科書の挿絵を見ながらノートを使って活動しています。できた生徒の作品から順に，私が準備していたテンプレートに入力してプロジェクターで黒板に投影しました。生徒自身がデバイスを自由に使える状況になくても，簡単に始められる活動です。さらに生徒たちが自由にデバイスを使える環境であれば，ふさわしい写真を選ばせたり表現方法にこだわったりすることもできそうです。

（岡本　歩）

詩に合った写真に音読を録音してデジタルカードをつくる
島崎藤村「初恋」を音読しよう

用意する機器　iPad，PC などの端末，「Keynote」「PowerPoint」「Google スライド」などのプレゼンテーションアプリ，ヘッドセットなどの入力用マイク

おすすめの学年　中学 1 年～高校 3 年

領域　〔思考力・判断力・表現力等〕　C　読むこと

　詩の読解・鑑賞をした後，成果物として音読を録音したデジタルカードを作成します。詩の解釈やイメージに合った写真や絵をプレゼンテーションアプリの 1 枚に背景として貼り付けます。生徒が自分で撮った写真や描いた絵でもいいでしょう。それが難しい場合は，著作権フリーの写真をネット上で探します。専用サイトを紹介したり，再利用可の写真の探し方をレクチャーしたりすることで，著作権に関しても合わせて指導ができます。

　詩をテキストで背景の上に入力します。背景との色の組み合わせや，レイアウトも工夫しましょう。その後，録音をします。PowerPoint であれば，挿入→オーディオ→オーディオの録音から録音ができます。詩の解釈やイメージに合った音読ができるまで，何度も撮り直すことができます。できあがったスライドを Google Classroom や Google ドライブにアップロード

して，生徒同士で聴き合ってみましょう。納得できる録音ができるまで何度も挑戦でき，自分の音読を聞くことでさらに読み方に工夫を加えたり，詩のリズムを味わいながら読んだりすることができます。　　　　　（一木　綾）

デジタル句会で交流する

Google フォームで短詩型文学を楽しもう

用意する機器　スマホ
おすすめの学年　中学1年～高校3年
領域　〔思考力，判断力，表現力等〕　B　書くこと／C　読むこと

　アンケートが自動集計でき，自動採点テストも手軽につくることができる Google フォームを使った実践です。アンケート機能で初発の感想や発問に対する答えをリアルタイムで共有するという方法の応用です。

　Google フォームに用意する質問項目は2つだけ。「雅号（ペンネーム）」と「俳句」です。回答はワンクリックで Google スプレッドシートに書き出せるので，それをクラスで共有します。投句順にそのまま並べておいてもいいのですが，季語や季節についての質問をつくっておいて四季で分類して並べたり，雅号でソートして作者別にリストをつくったりすることもできます。

　これをクラウド共有することができれば楽ですが，無理な場合はプリントして配布します。気に入った作品にコメントを入れて交流したり，Google フォームで投票したりすることで，他の俳句を鑑賞して交流する展開をつくることができます。

　クラウド共有できるのであれば，並んでいる俳句に下の句をつけて短歌にするという活動も楽しいです。下の句をつけられる列を複数用意しておいて，友人の作品に思い思いに七七を付けて句の世界を広げたり深めたり，場合によっては作者が思ってもいなかったような作品に変貌させたりすることができます。教室で一緒にやれると楽しいですが，同期型，非同期型を問わず，オンライン授業として実施することも可能です。　　　　　　　　　（野中　潤）

#中学校 #高校 #協働学習 #物語文 #画像

Google Earth の上に物語をつくる

地図データのワクワク感で高まる表現力

用意する機器	パソコン［生徒・教員］
おすすめの学年	中学１年〜高校３年
領域	〔思考力，判断力，表現力等〕　B　書くこと

　最新のデジタル地球儀は検索するだけのものではなく，つくる機能が備わっています。Google Earth のクリエーションツールは，地図上の好きな位置にピンを落としてページを増やし，作者の視点で地球を案内する物語をつくることができます。土佐日記，自分史，SDGs，旅行行事などで，スライドに代わるプレゼンツールとして活躍します。

　1．Google Earth を起動してログイン

　2．プロジェクト→作成→ Google ドライブでプロジェクトを作成する

　3．新機能→４つのボタンでページを増やす

　4．目次の鉛筆マークから編集画面へ進み，細部にこだわる

　5．プレゼンテーション開始→右下の「＞」。リンクを取得すれば完成！

〈参考文献〉『南極地域観測隊と過ごした117日』http://bit.ly/2rdxcLK　　　　（新井啓太）

YouTube の活用で時短

授業の予告編動画をつくってみよう

用意する機器 PC，PowerPoint など
おすすめの学年 中学 1 年〜高校 3 年

　中高生は，YouTube などで日常的に動画を視聴しており，授業への導入部分や授業時間の確保にも動画が使えます。動画の制作の方法や YouTube への動画のアップロード（投稿）の方法については，以下をご参照下さい。

windows フォトでの動画編集の方法

YouTube へのアップロードの方法

　動画の制作には，PowerPoint や Zoom，Meet を使うなど，さまざまな方法があります。Windows を利用している方だと PowerPoint が使いやすいでしょう。私は，Windows のムービーメーカーで動画を編集・制作し，YouTube に「限定公開」で動画をアップロード（投稿）して，その URL を生徒に知らせています。そうすれば，動画が世界に公開されることはありません（生徒が Twitter などで URL を公開しても大丈夫な動画にしておきましょう）。下記の QR コードから，高校 3 年生現代文の授業予告用につくって利用した動画が視聴できます。これによって15分ほど授業時間が短縮できました。QR コードを前の授業で配布し，「見てくるように」と指示しました（動画に利用した動画素材や画像素材は，すべて無料で著作権フリーのものです）。（二田貴広）

無料で著作権フリーの動画素材や画像素材があるサイト：pexels.com，ぱくたそ，いらすとや　など

Google スプレッドシートで対話する

クラウド共有でシートごとに質問づくり

用意する機器 PC などの端末（グループに１台でも可）
おすすめの学年 中学１年〜高校３年
領域 〔思考力，判断力，表現力等〕　B　書くこと／C　読むこと

　「答え」ばかりを求めがちだった従来の学習のあり方を変えるために，「問い」を立てる力を伸ばす「質問づくり（QFT）」が注目されています。ひたすら「問い」を立てるだけなのに学びが深まり，対話的な思考を生み出すことができます。一般的にはルーズリーフなどの紙を使い，鉛筆やペンで質問を書き出していきますが，クラウド共有したファイルに入力していくことで対話的な学びの可能性をさらに広げることができます。

　おすすめのツールは，Google スプレッドシートです。グループの数だけシートをつくっておき，１つのファイルの中で複数のグループが同時に質問づくりを行います。クラス全員が同じファイルにアクセスしますが，シートごとに少人数に分かれて質問づくりの作業を行うわけです。

　新しい質問が思いつかず行き詰まっているグループには，面白い質問があったら他のグループのシートからもらってきてよいと指示を出すこともできます。同じ活動をした他のクラスの質問リストを共有することもできますし，ZOOM のブレイクアウトセッションと併用すれば，オンライン授業でも実施可能です。

〈参考文献〉ダン・ロスステイン，ルース・サンタナ著／吉田新一郎訳『たった一つを変えるだけ―クラスも教師も自立する「質問づくり」』（2015）新評論

（野中　潤）

#高校　　#協働学習　　#古文

Google ドキュメントで共同編集
敬語を使って作文しよう

用意する機器	パソコン，タブレット，スマートフォン
おすすめの学年	高校2年
領域	〔知識及び技能〕

　Google ドキュメントの利点は「共同編集」ができることです。1つのファイルを複数人で同時に編集でき，その動きをリアルタイムで見ることができるのでとても便利です。

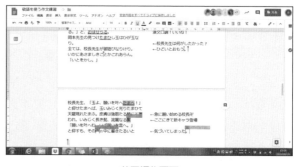

共同編集画面

　古文で敬語を学習した際，「共同編集」の機能を生かし，学んだ敬語を使って全員で自由に（古文）作文させてみました。まず登場人物と最初の一文だけをこちらで設定しておき，「できるだけたくさんの敬語を使う」というルールのもとストーリーを自由に創作させました。古文が苦手な生徒も参加できるよう，右側には自由コメント欄を設け，感想や気づきなども（現代語で）入力できるようにしました。古文作文の際，文法的な誤りや一部現代語部分があっても，口頭や右側コメント欄で指摘し合い，気づいた生徒が調べ，正していました。敬語の他，言葉の学習に効果的です。　　（岡本　歩）

スタート画面・共同編集画面
完成した敬語作文演習

ロイロノートで交流場面をつくる
ICT で学習過程を変えよう

用意する機器 iPad，ロイロノート
おすすめの学年 高校1〜3年
領域 〔思考力，判断力，表現力等〕　B　書くこと

　ICT の活用を考える前に指導の重点を明確にする必要があります。例えば，昔話を二次創作する単元では，昔話「桃太郎」を「行きて帰りし物語」（瀬田貞二『幼い子の文学』中公新書，1980）の枠組みで読み直すと様々な謎にぶつかります。「なぜ，桃に入っていたのか」「鬼の立場から見たら『退治』といえるのか」などの「謎」を一人称小説に書き換え，解き明かしていきます。

　この言語活動は説得力のある「謎」の設定とその「謎」をどのように解き明かすのかという展開の工夫がねらいです。しかし，事実上の目標は「2時間で書き切る」こと。ですから，生徒は構成メモを交流しても，助言を受けて練り直す場面はあまり見られませんでした。

　そこで，指導の重点を「展開を工夫する」過程に絞りました。ロイロノートの「付箋」で構成や展開を考え，4人班で紙芝居プレゼンを行う場面を設定しました。手書き

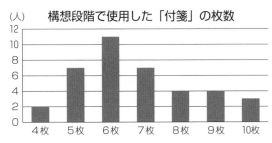

構想段階で使用した「付箋」の枚数

入力でもワープロでも絵文字でも書ける自由度の高さ，書き直しや配置の変更が容易にできることなどから「付箋」の稼働率も上がり，試行錯誤する姿が「見える化」しました。指導の重点を絞ると学習の過程が見えてくる，そこに ICT の出番があると考えます。

（田中洋美）

31

解説ムービー＆模擬定期考査問題の作成で学びの理解を深める

授業で学んだことを他者に正確に伝えよう

用意する機器 iPad，グリーンスクリーン

おすすめの学年 高校１，２年

　国語科をはじめ，どの教科でも実践可能なものです。YouTube で見られるような，授業で学んだことを30秒で解説する合成動画を作成します。

①教員の作成したデモムービーを視聴してから作業の流れを説明する。生徒は解説する内容を決め，Keynote（プレゼンアプリ）を使って動画の背景となる１枚の板書画面を作成する。

②iPad のカメラを使い，グリーンスクリーンの前で解説動画を撮影する。

③Keynote で作成した板書画面と解説動画を iMovie で合成する。完成した動画は Google ドライブの共有フォルダへ提出し，相互鑑賞する。

④各自で教科を選び，Pages（ワープロアプリ）を使って模擬定期考査問題・解答解説を作成する（オプションとして解説動画）。

　Keynote，iMovie，Pages の操作や動画合成の手順は，授業内では簡単に説明をし，説明内容をまとめた電子書籍（AppleBook）を配布，説明を収録した動画を YouTube に掲載します。テキストや動画で確認したり，お互いに教え合ったりして，教員からの説明を繰り返さないことで生徒の作業時間を確保しています。また，作品の提出先を Google ドライブの共有フォルダにすることで，お互いの作品を鑑賞できるようにします。他の生徒の作品を意識することで，作品の完成度が高まります。動画に対する生徒の要求レベルは高く，授業時間外でもかなりの手間と時間をかけて作成しており，指導者の想定よりも遥かに工夫された作品が作り出されました。　（品田　健）

第2章

学びの質がもっと高まる！
ICT×国語授業づくり

プロジェクターでハイブリッド板書
黒板に自由に書き込みながらみんなの考えを「見える化」しよう

用意する機器 PC あるいはタブレット，プロジェクター
おすすめの学年 小学校全学年
領域 〔思考力，判断力，表現力等〕　A　話すこと・聞くこと

授業の概要

　ハイブリッド板書は，プロジェクターで黒板に投影することで，資料や図表を「見る」→「思考ツール」へ発展させることができます。教室で黒板を見ながら，互いの考えを伝え合うことは意外に難しいものです。教科書の文章だけでなく，図表や写真を黒板に大きく投影することで，直接自分の考えを書き込みながら，話し合いをすることができます。比較や協調など，表現方法も自由度が高く，言葉以外に記号やイラストなども使えるので，みんなで興味・関心をもって取り組めます。

　東京書籍4年の国語教材「広告と説明書を読みくらべよう」では，広告と説明書を読み比べ，目的に合わせた表し方の違いについて考えるという学習課題がありますが，黒板に両方を並べて投影し，比較することでそれぞれの考えが可視化され，クラス全員で参加することが容易になりました。

　また，「色彩とくらし」では，文章のまとまりごとにグループで要約し，それぞれの要約を順番に黒板に投影することで，最終的にクラス全体で内容を読み確認するという ABD（Active Book Dialogue）に用いることができました。一読総合法において，立ち止まりごとに文章を投影することで，それぞれの考えを直接書き込み，話し合いを進めることができました。

　自分で，黒板に思い思いの表現方法で書き込めるので，自分の考えをメタ

認知することもでき，主体的な学びにつながっていきます。

ICT 活用のメリット

　黒板にチョークで書き込むということは，子どもにとって慣れ親しんだ日常のことでもあり，直ぐに消したり書いたりできるので，気楽に参加できる上，表現方法も自由度が高いので和やかに進められます。そこにプロジェクターを使うと，光のおかげでチョークの発色もよく，後ろの席の子どもにも見やすいので，とても効果的です。

　また，視線を黒板に向けたまま学習活動を進めるので，教材を一緒に見ながら，文字や記号を使って自由に書き込めるため，どの子にとっても分かりやすい進行になります（子どもによっては，黒板と教科書やノートを見比べるときに，視線を上げ下げしながら確認し，進めることが難しい場合もあります）。必要に応じて，サイズや場所を動かしたり，隠したり表したり動きを付けることもでき，調節も容易なところが便利です。

授業づくりのポイント

　文字を見やすくするために，教室の明るさは事前に必ず確認します。文字や図表が明瞭に見えるよう，大きさやコントラストは調節します。

　なお，プロジェクターの位置によっては，書き込んでいる最中は陰になってしまうこともあるので，最初は子どもが戸惑わないようアドバイスします。また，書き込んでいる内容がうまく対比できるよう，チョークの色や場所を示唆すると，後で面白い板書ができあがるので，次回から興味をもって取り組む子どもたちが増えていきます。板書自体も，子どもたちが自分たちでつくった感が出てくると，楽しみにしてくれるようになっていきます。

他教科との連携

　小学校ではそれぞれの特質を生かした教科横断的な授業を行うことがあります。自分のお気に入りの場所を紹介したり，危険地区を示したりする社会科の学習「校区探検」では，校区の白地図に予め集めた写真や図表を重ねて投影し，国語の時間にまとめた説明文でプレゼンテーションを行いました。複数の教科の学習を連携させ，具体的なイメージを共有しながら学習活動を行えるので，意見交流が一層深まりました。

　予想されるトラブルとして，投影したものに，一度書き込んでから動かすと，書かれた文字がそのまま残ってしまい，絵と文字のズレが生じます。授業の流れをしっかり把握して書き込ませましょう。

展開例

■「広告と説明書を読みくらべよう」（東書4年）

　教科書にある広告と説明書を，黒板に投影し，それぞれから読み取れたことを，自由に書き込ませます。友だちの考えから，《つなげて・違って・付け加えて》などの言葉を添えることで，1つの意見から広げ深めることができることを意識付けできると，黒板がどんどん賑やかになり，豊かな話し合いができたことが視覚的に理解できるでしょう。教室の"安心ルール"とし

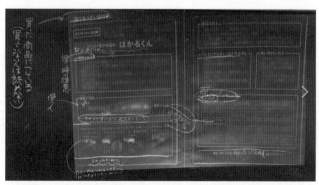

て，自由に自分の意見や考えを書いてもよいが，友だちの書いたものを否定しないことを確認します。

■「動物の体と気候」（東書5年）

段落ごとに求めた要旨を授業の進行に沿ってまとめ，PowerPoint や Keynote に作り，パートごとにアニメーションを入れると，前時の振り返りをしながら提示できます。

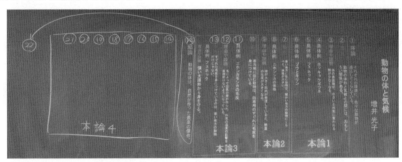

■「見立てる」（光村5年）

グループごとに分担して，それぞれ要旨をまとめたものを黒板に投影します。ABD の手法を用いました。

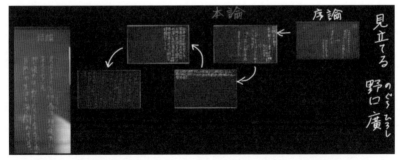

工夫次第で，教科を超えて様々な学習活動に利用できます。子どもたちは ICT が大好き。目を輝かせて見ようとするので，どの活動でも興味・関心をもって主体的に参加します。また，思考の足跡が黒板に残せることで，視覚的に理解しやすいこと，スピーディに反応できない子も話し合い活動に参加できるため，意見交流が活発になることが期待できます。　　　　（越智景子）

動画制作を通して自己評価する

「私たちが考える未来の教室」の動画を創ろう

用意する機器 電子黒板，プロジェクター，タブレット端末
おすすめの学年 中学1年
領域 〔思考，判断力，表現力等〕 A 話すこと・聞くこと

授業の概要

　今までの学びを振り返りながら，未来の教室についてグループで協働して動画を制作し，学ぶということ，学ぶことの意味について考えました。1年間の学びを振り返るとともに，情報活用能力が身についたかについても確認しました。

ICT活用のメリット

　「未来の教室」については，Webページからも様々な情報を得ることができ，そこからイメージすることが可能です。今回はWebページから得た情報を出発点にするのではなく，タブレット端末による動画制作，創作活動そのものが「未来の教室」のイメージを膨らませることにつながっていくと考えました。動画制作のプロセスでは，情報活用能力をフルに活用しました。

授業づくりのポイント

　田近洵一氏の「自己学習の成立過程」（1996）をもとに，情報活用能力育成のカリキュラム，ルーブリックを作成，学習過程の明確化を意識して授業

を展開しました。情報の整理の仕方について理解を深め，それらを使うことができる（知識・技能），自分の考えが分かりやすく相手に伝わるように表現を工夫する（思考・判断・表現），学びを振り返りながら次への課題をもつことができる（主体的に学習に取り組む態度）を育成することを目指しました。

■単元の流れ

第1時 課題設定① 「問い」をもつ：「未来の教室」について考えること，「未来」についてイメージする。

第2時 課題設定② 必要な情報を知る。

情報収集 調べる・収集する：「未来」について情報を収集する。

第3時 情報の編集・表現① 編集する：「未来―これからの時代」どのような力が必要かを考える。

第4，5時 情報の編集・表現② 表現する：どのような学びの場，どのような場が必要かを考え，グループで協力して，動画を制作する。

第6時 情報の発信・伝達 対話する：制作した動画について視聴し，修正する。ブラッシュアップ

第7時 振り返る 評価する：問題点，改善点を見出す。次の「問い」をもつ。相互評価（本時）。

本時の展開例（第7時）

■**学習活動1** 1分間の動画を視聴し，2種類のカードに記入する。制作した動画について相互評価する。

①自己評価…動画制作に関して，グループの一員として自分がどのようなことに取り組んだのか，またその際どのようなことを頑張ったのか・工夫したのかを記入する（制限時間を電子黒板に表示する）。

②動画の評価の視点を示す。動画制作の一例として，他のクラスの動画を視聴しながら解説を加え，どのような視点で評価するかの手引きとする。

③制作した動画の相互評価…動画制作・撮影用のタブレット端末を近くの班のものと交換し，それぞれが制作した動画を視聴する。前もって配布されていたフォローカード・アドバイスカードに「見習いたいところ」「ここを工夫したらよいというアドバイス」を記入し，動画視聴後タブレット端末とともに渡す。

■学習活動２　他のグループからもらったアドバイスカードをグループ内で分類し，修正点を見極める。

④他の班からの評価（「アドバイスカード」から得られた改善点）について，グループで確認，情報を共有する。

⑤ホワイトボード（大）にアドバイスカードを挟み，改善点を分類する。共有できた改善点について分類し，ホワイトボード（小）にまとめる。

⑥情報の取捨選択，分類の仕方や分類の大切さ，意味について確認する。

⑦得られた情報から自分たちにとって必要な情報かの優先度を設ける。

⑧必要な情報ならば，何のためにその情報が必要なのかを考える。

⑨分類した改善点の中で改善可能なもの，改善が難しいものを選択する。

⑩ホワイトボード（大）に分類したアドバイスカードをタブレット端末のカメラ機能で記録する。

⑪フォローカードを画用紙に張り付け，よかった点も共有する。

　単元の第１時で，学校図書館内に掲示している情報活用能力の流れを確認し，ルーブリックを提示しました。毎時の授業では，導入でめあてと学習活動を提示して確認後にホワイトボードに張り，授業中に常時意識できるようにしました。また，①画像②音声③創意工夫④協力⑤説得力⑥発想着想の重要性を動画制作時に示しています。単元の最後に，この①～⑥，⑦総合評価について５段階で相互評価を行い，自班については自己評価しました。

情報活用能力ルーブリック

段階	情報活用能力	生徒による学習活動	Sよくできる
1	**課題設定①** ・「問い」をもつ。	・多様な情報を読む。 ・情報を継続して読む。 ・得た情報を交流する。	多様な情報の背景や意図を読み解き，今日的課題を捉え，意識をもち，「問い」が設定できる。
2	**課題設定②** ・見通しをもつ。 ・必要な情報を知る。	・情報を取り扱う技法〈KJ法，ブレーンストーミング，ランキング，マッピングなど〉を使いこなす。	自らが設定した課題を解決していくための方法や資料について見通しをもって，自ら取り組んでいる。
3	**情報収集** ・検索の手順を考える。 ・探す。 ・見つけ出す。 ・調べる。 ・収集する。 ・選択する。	・図書館の検索方法を身につける。 ・新聞情報を比較して読む。 ・信頼のおけるWebページの情報を収集する。	課題意識を明確にもって，情報検索の手順に沿って，複数の情報源から自分にとって価値ある情報を探し出している。
		・様々な種類の文章から必要な情報を集める読み方を身につける。 ・情報の扱い方（カードや付箋，思考ツール，図表など）を用い，情報を整理する。	課題や目的に応じた方法で信頼性の高い複数の情報を収集し，必要な情報を取捨選択し，情報を適切に整理している。
4	**情報の編集・表現①** ・取り出す。・捉える。 ・関係づける。・思考する。・編集する。 ・再構成する。	・収集した多様な情報を共有する。 ・課題解決につながる様々な文章を読み，必要な情報を選び，自分の表現に役立てる。	収集した多様な情報の中から，課題解決につながる情報を読み解き，自分の考えや表現に役立てている。
5	**情報の編集・表現②** ・まとめる。 ・表現する。 ・提示する。 ・分析する。	・収集した情報の意図や背景を考えながら，真偽を評価，分析する。 ・相手の立場，考えを尊重し，目的に沿い，効果的に展開するよう聞き分け，自分の考えを深める。	活用したい情報が適切なものかを再評価しながら，どうすれば相手に分かりやすく伝えられるかイメージを描き，伝えたい内容に応じた適切な形式を選択し，表現している。
6	**情報の発信・伝達** ・伝える。・交流する。・対話する（自己・他者・社会）。・情報手段を選択する。 ・共有する。	・構成を考えて，決められた時間内で発表する。 ・相手や目的に応じて，文章の内容や表現を変える。 ・目的や方向に沿って建設的に話し合う。	効果的な情報手段を選択し，相手意識をもちながら，聞き手の反応を確認しつつ，臨機応変に情報の発信ができる。
7	**振り返る** ・評価する。 ・問題点，改善点を見出す。 ・次の「問い」をもつ。	・自己評価，相互評価によって学びのプロセスを振り返る。 ・思いや考えが伝わったかを検証する。	自分の活動や学習の成果，学びのプロセスを振り返り，他の学習者との交流も踏まえて，振り返ることができる。
		・次につながる課題意識をもつ。	情報発信の成果，問題解決のプロセスをもとに，残された課題を確認し，次への課題をもつことができる。

（植田恭子）

ICTに必要な要件──タブレット端末1人1台、アカウント、ICT支援員と、何よりも学習者との信頼関係。（悠）

広告を創って考える

みんなが情報の発信者になろう

用意する機器　電子黒板，プロジェクター，タブレット端末
おすすめの学年　中学1年
領域　〔思考力，判断力，表現力等〕　B　書くこと

授業の概要

　広告の言葉や広告の効果，作り手の意図などについて学び，情報の発信者として広告を作成することを通して，情報について考える授業を展開しました。

ICT の活用法

・電子黒板への拡大提示，全員の画面の一覧表示
・タブレット端末でインターネット検索
・タブレット端末による広告の作成

授業づくりのポイント

　私たちは，実に多種多様な広告から情報を収集し，活用する言語生活を送っています。電車の吊り広告，新聞の広告，テレビのCMだけでなく，インターネットの広告など，広告をよむことのあり様も多様化してきました。そこで，ICT を活用し，情報の送り手，情報の発信者になることで，「広告」について考える場を設定しました。情報の送り手体験により，知り得た情報

を正確に理解し，他者に的確に分かりやすく伝えようという相手意識も生まれてきます。

　情報の送り手の側に立つことは，情報と主体的に向き合うことになり，主体的な学びの基盤となるでしょう。実社会との関わりを実感し，社会の一員としての自己を自覚することにもつながっていきます。

単元計画（「広告」をよむ：全6時間）

時	主な学習活動	ICT活用のポイント
1	**広告の言葉について考える** ・「広告の言葉」とは何か。 ・「そうだ　京都，行こう」（JR東海1993年〜）について考える。「そうだ」という言葉…「何か忘れていたことをハッと思い出したときによく使うことば」 　「ぼくら日本人が物質的繁栄ばかりを追いかけてきて，大切な何かをどこかへ忘れてきてしまったんじゃないか，という思いが『そうだ』ということばにこめられている」（天野祐吉「NHK日本語なるほど塾」2004年7月）。 ・JR東海のWebページを読む。 ・「キャッチコピー」は何かを知る。 ・「アイドマの法則」について知る。	・「そうだ　京都，行こう」に関連する情報をインターネットで読むことで，言葉に込められた意味を考えることにつながる。
2	**キャッチコピーをつくる** ・広告をつくる。お茶の写真にキャッチコピーをつける。 ・私が考えたお茶のキャッチコピーを伝え合う。 ・自作のキャッチコピーを解説する。	・電子黒板にお茶の写真を提示することで，イメージを広げることができる。 ・創作した作品の情報共有が容易にで

3	・グループで伝え合い，代表作品を決める。 ・みんなでシェアする。 ・広告大賞を決める。	きる。 ・相互評価もリアルタイムで可能である。
3	**広告をよみ解く（新聞広告をよむ）** 「ありがとう，徳島。」（2014年3月8日土曜　徳島新聞）全面広告　今日，J1の舞台で，もう一度徳島のみなさんと出会い，闘えることを楽しみにしています。徳島のみなさんが応援してくれていたから，……。（柿谷曜一朗） ・印象に残っている広告を伝え合う。 ・広告から受けた印象を伝え合う。 ・広告を言葉で説明する。 ・広告の中の情報（設定）を言葉で表現する。 ・キャッチコピーをよみ解く。 ・広告のターゲット（想定するターゲットは誰か）を考える。 ・広告としての効果は何かを考える。	・電子黒板に新聞の全面広告を拡大提示することで，情報を共有し，学び合う場が生み出される。 ・キャッチコピー部分にフォーカスすることで，言葉について意識することができる。
4	**広告の送り手になる** ・「絵くんとことばくん」たくさんのふしぎ傑作集　福音館書店（作　天野祐吉　絵　大槻あかね）の読み聞かせをする。 　　小学4年生の「ぼく」の現在のおこづかいは500円。1000円にアップしてもらうために，ポスターをつくり，お母さんにうったえようと，あれやこれやたくさんのポスターを作る。…… ・中学校の Web ページを読む。 ・校舎の画像を取り込み，中学校をPR するキャッチコピーをつける。 ・キャッチコピーをシェアする。	・電子黒板に絵本を提示し，ページをめくる感覚で読み聞かせができる。 ・全員の画面の一覧表示ができる。 ・選んだ画面の拡大表示することで，学び合い，高め合うことにつながる。 ・通学する学校を俯瞰的に捉える。 ・キャッチコピーを画面共有する。

5	広告の効果，つくり手の意図を考える （公共広告をよむ） ・様々な広告について，伝え合う。 ・ちらし広告の工夫を考える。 ・公共広告とは何か。 ・AC ジャパンの広告について，どのような意味をもっているか，何を伝えたいのかを考え，意見を交換する。	・インターネットの広告について視聴する。 ・タブレット端末で意見を交換する。
6	公共広告をつくる ・公共とは何かを知る。 ・社会の問題点を考える。 ・市民としてできることは何かを考える。 ・公共広告をつくり，発信する。	・タブレット端末を活用することで，広告作成が容易になる。

（植田恭子）

ロイロノートのシンキングツールを使って創作活動
「竹取物語」の続きのストーリーを創ろう

用意する機器	電子黒板，iPad（生徒1人1台），ロイロノート（シンキングツール）
おすすめの学年	中学1年
領域	〔思考力，判断力，表現力等〕　B　書くこと

授業の概要

　子どもたちが将来直面する社会（AIやロボットが活躍すると言われている社会）において，「新しい価値を生み出す」ことが大切になるのではないでしょうか。そこで，国語の授業においては，知識の習得や文章の読み取り（AIなどが得意とされている）だけでなく，その先にある「新しい何かを創る」ことはできないかと考えて単元を構成しました。古典的な物語である「竹取物語」を鑑賞し，社会背景や人物像を理解したうえで，生徒各自が分析したり想像したりしながら，続きのストーリーを創り出すことをゴールとしました。その際に，iPadとロイロノートのシンキングツールを使うことで，より深く，より面白いストーリーを創ることができると思います。

ICT活用のメリット

　例えば，模造紙に思考ツールを手書きで書き込み，生徒各自の意見を付箋に貼り付けて分類するなど，デジタル機器を用いずに思考を深める活動はできます。しかし，それをクラス全体で目に見える形で共有するとなると，教室内に大きな模造紙をペタペタと貼り付けていくなどの作業が必要になります。しかし，iPadとロイロノートを活用すると，生徒全員分もしくは全グ

ループ分の成果物が手元の端末で瞬時に確認できます。iPadの画面上で拡大・縮小もできますし，画面上に何か書き込むことも可能です。

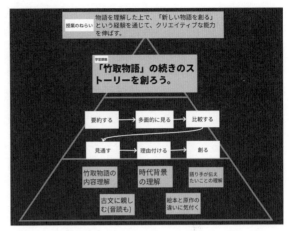

さらに，「この問題について『分類する』思考スキルを使ったが，次は同じ問題について『比較する』思考スキルを使い，そしてその後は『見通す』思考スキルを使おう」という授業展開の場合，その都度，模造紙と付箋を用意し，配付と回収を繰り返さないといけなくなります。しかし，ロイロノートのシンキングツールには「ツールの切り替え」という機能があり，アプリ内で瞬時に思考スキルを切り替えていく作業ができます。限られた時間内で，いろいろな思考を行おうと考えた場合，デジタルのほうが向いていると思います。

授業づくりのポイント

iPadが1人1台ある環境で，ロイロノートというアプリを最大限に利用して授業を行います。ロイロノートは資料や図表の一斉配付や回収（提出）といった授業効率化だけではなく，提出した他の生徒の回答を見ることによる思考の共有化が魅力だと思います。ですから，双方向授業を意識しながら，できる限り生徒に多くの回答を提出してもらって，思考の共有を図ることがポイントになります。さらに昨年，シンキングツールという機能がロイロノートに実装されたので，その思考ツールを使って個人でもグループでも深く考えることがやりやすくなりました。授業者は，（少々失敗してもよいので）シンキングツールを授業内で使っていくことで，生徒の思考力が鍛えられ，

新しい考えを生み出すことができるのではないでしょうか。

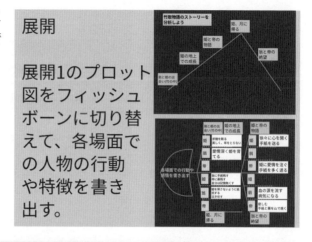

展開

展開1のプロット図をフィッシュボーンに切り替えて、各場面での人物の行動や特徴を書き出す。

展開例（全7時間）

■第1，2時

　竹取物語を読み，物語や時代背景などの知識を習得する。ストーリーの概要をシンキングツールのプロット図で表現する。それをロイロノートで提出し，クラスで共有する。

■第3～5時

　竹取物語の謎について，シンキングツールの"くまでチャート"に書き出し，グループで話し合い，後にクラスでグループごとに発表する。次に，月の世界，地上の世界における違いや共通項をグループで考え，シンキングツールのベン図に書き出す。また，シンキングツールのフィッシュボーン図を使って，登場人物の性格や心情について分析する。そしてそれらをロイロノートで提出し，クラスで共有する。

■第6，7時

　4時間目までの作業を振り返り，姫が月に帰った後のことを予想してみる。そして，それを各自でストーリー化して，ロイロノートに文章を書き込む。完成したら，ロイロノートで提出し，クラスで共有した後，クラス内で優秀な作品を選び評価する。

評価と振り返り

　竹取物語の続きのストーリーを創って，ロイロノートで提出し，回答を共有しますので，クラス内の生徒全員が他の生徒の作品を閲覧することができます。そこで，今回は生徒による相互評価とし，内容が分かりやすいか，面白い展開か，新しい考えだと思うか，といった緩やかな観点から，優れた作品を生徒が投票するという形にします（投票もロイロノートで行います）。

　また，今回は使用するアプリとしてロイロノートに限定しましたが，最後のストーリーを創る作業のところでは，Google ドキュメントを用いて共同編集を行うのも面白いと思います。他の人が書いたストーリーにコメントを加えながら1つの作品を創り上げていく協働作業は，大変意味のある学びになるでしょう。

（和田　誠）

（注）ＩＣＴは［いつも］［ちょっと］［トラブル］の略。

Jamboardで考えを共有して考察を深める

「少年の日の思い出」―主人公「ぼく」の行為の理由を考えよう

用意する機器 パソコン・タブレット端末，アプリ「Jamboard」

おすすめの学年 中学1年

領域 〔思考力，判断力，表現力等〕 C 読むこと

授業の概要

ICTを利用する際の強みは，「他者の考えを簡単に共有できること」です。ノートに書かせた意見を，「ノートを集め」「まとめプリントをつくり」「印刷して配布」または「順番に発表」することをしなくても，即時に共有することができます。生徒の意見を「似ているものに分ける」「まとめる」などの作業も，生徒たち自身が共同で行うことができます。

そんなICTの利点を用いて，中学1年の定番教材「少年の日の思い出」（ヘルマン＝ヘッセ）について，最後に主人公の「ぼく」が「そっと食堂に行って，大きなとび色の厚紙の箱を取ってき，それを寝台の上に載せ，闇の中で開いた。そしてチョウチョを一つ一つ取り出し，指でこなごなに押し潰してしまった」理由を考えます。

ICTを活用することで，本文を最初から全員で読み進めて読解するのではなく，範読のみでラストシーンの課題に向かわせ（個人活動），意見の共有と分類・集約（グループ活動）を経て，考察としてまとめる（個人活動）という授業を展開しました。

展開例（全6時間）

■第1，2時　個人活動（課題の提示とひとまずの考察）

本文全体を範読し，ワークシートに従って，本文最後の「その前にぼくは，そっと食堂に行って，大きなとび色の厚紙の箱を取ってき，それを寝台の上に載せ，闇の中で開いた。そしてチョウチョを一つ一つ取り出し，指

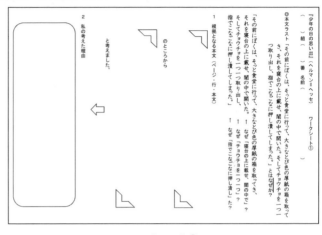

ワークシート①

でこなごなに押し潰してしまった」理由を考えさせます（ワークシート①）。

■第3，4時　グループ活動（Jamboard による意見の共有・集約・分類）

グループごとに準備しておいた Jamboard のシートに，それぞれの生徒が付箋を追加して自分の意見を書き込みます（Jamboard では，クラウド共有できる模造紙のような画面に，生徒たちが各自の端末から自由に付箋を追加し書き込めます）。書き込みが終われば，グループ内で順番に，根拠となる本文箇所も含めて意見を紹介し合います。その後，似たような意見を集めて同じ色の付箋にしたり，付箋を動かして分類・集約したりしてグループのシートを完成させます（紙の付箋では，移動させることはできても色を変えることができませんが，Jamboard の付箋は色を変えることができ，同じような意見がどれくらいあるのかを可視化することができます）。

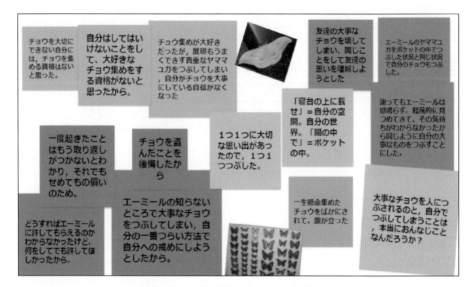

あるグループの作成した Jamboard シート

■第5，6時　個人活動（様々な意見を取り入れ再考察）
　　　　　全体での共有（最終的な考察の発表）

　グループごとにできた Jamboard シートを自由に見ながら，個々で課題の再考察をします（紙の模造紙だと，生徒の席から模造紙の内容までは見ることができず，順番に模造紙を見に行くという活動が必要ですが，Jamboard だと手元でそれぞれが同時に閲覧しながら考察することができます）。

　まず，ワークシート②を用いて他者の考察をＢ欄へ記入します。そして，最初の自分自身の考察（Ａ）に他者の考察（Ｂ）を受け入れ吟味したものとして，最終的な自分自身の考察（Ｃ）をまとめます。最後に，グループ内・またはクラス全体で，「最初の自分自身の考察（Ａ）にどのような他者の考察（Ｂ）を踏まえ，どのように最終的な自分自身の考察（Ｃ）に至ったのか」を，本文に根拠を求めながら発表します。この実践ではさらに，完成した他者のワークシートを順番に見てまわり，感想を記入するという活動をしました。

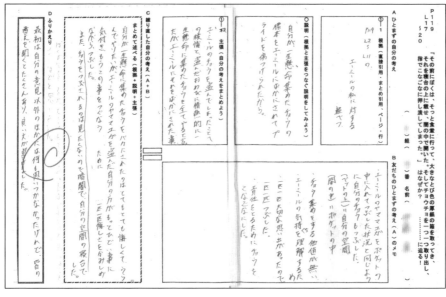

「できない言い訳をするな。どうしたらできるかを考えろ」といつも生徒に言っているのは教師です。（都）

ワークシート②（生徒が記入したもの）

評価と振り返り

評価「Ａ」	評価「Ｂ」	評価「Ｃ」
他者の意見を受け入れ吟味することで，意識的に考察を変化させたことを伝えている。	他者の意見を受け入れ吟味することで，初めの考察とは異なる最終考察をしている。	他者の意見を受け入れ吟味し，初めの考察とは異なる最終考察をしようとしている。

　この実践は，学習指導要領で掲げられている教科の目標「社会生活における人との関わりの中で伝え合う力を高め，思考力や想像力を養う」をねらいとしています。生徒の個人活動・グループ活動を通じて，他者の考察を踏まえ自分自身の考察を変容させる（または強化させる）ことがねらいです。そのため，評価としては，「Ｂ」をすべての生徒に到達してほしい姿として設定しています。

（岡本　歩）

プログラミングで「故事成語」のアニメーション化
Scratch で「故事成語」に現代の魂を吹き込もう

用意する機器　電子黒板，タブレット PC
おすすめの学年　中学 1 年
領域　〔知識及び技能〕（3）　我が国の言語文化に関する事項

授業の概要

　この授業では，Scratch を用いて，故事成語の使い方や故事を伝えるアニメーションを作成し，様々な故事成語に触れることで，故事成語への理解を深めることをねらいとします。Scratch で動画をつくるまでには，教科書教材（光村・国語 1）「今に生きる言葉」をもとに，起承転結を意識しながら 4 コマ漫画を作るなどの下準備をし，完成後は全員で互いの作品を見合い，交流をします。古い中国の故事と現代のプログラミングを融合させることによって，本単元の題材名でもある「今に生きる言葉」への実感が，2000年の時を超えてさらにわいてくることでしょう。今回は中 1 での実践ですが，小学校でも広く使われている Scratch ですので，小学生でも十分に応用ができる内容です。

展開例（全 7 時間）

■第 1 時（「故事成語」とは何かを知り，漢文の基本的な読み方を知る）
①「故事成語」って何？訓点のルールや書き下し方をマスターしよう！

Scratch　Scratch は MIT メディア・ラボのライフロング・キンダーガーテン・グループの協力により，Scratch 財団が進めているプロジェクトです。http://scratch.mit.edu から自由に入手できます。

②「矛盾」の書き下し文を音読してみよう！

■第2時（「矛盾」を読み，エピソードを4コマ漫画で表す）

①「矛盾」の書き下し文と現代語訳を読み，内容をつかもう！

②「矛盾」を4コマ漫画にしてみよう！正しく読み取れているかな？

■第3時（「矛盾」以外の故事成語に触れ，用例や故事を4コマ漫画で表す）

①デジタル教科書で「推敲」「背水の陣」など，様々な故事成語を知ろう！

②資料集から故事成語を1つ選び，起承転結を意識しながら，故事や使い方などについて理解が深まるような内容の4コマ漫画を描いてみよう！

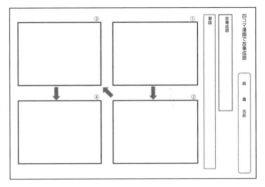

■第4時（Scratch の基本的な操作を学ぶ）

①Scratch って何？なぜプログラミングを学ぶことが必要なのだろう。

②Scratch の基本的な操作方法を学んで，実際にプログラムをつくってみよう。

■第5，6時（Scratch を用いて，自分が選んだ故事成語の用例や故事を伝えるアニメーションをつくる）

○第3時で描いた4コマ漫画をもとに，Scratch で自分が選んだ故事成語のアニメーションのプログラムをつくろう！

■第7時（できあがったアニメーションを交流し，様々な故事成語に触れる）

①できあがったアニメーションを観て，作者にコメントを書こう！

②故事成語への理解が深まったかどうか確かめよう！

ICT活用のメリット

　故事成語をアニメーションで表す際に用いるプログラミング言語「Scratch」は，プログラミング言語がブロックで示されており，小学生や小さな子どもでも扱いやすいものとなっている。スクリプト（命令）の流れが，ビジュアルとして非常に理解しやすいため，生徒たちが主体的に自分の力で学習を進め，意欲的に楽しみながら課題解決をすることができる。

本時の展開例（第5，6時）

- ■ねらい　Scratchで自分が選んだ故事成語のアニメーションをつくろう。
- ■導　入　・前時に学習したScratchの基本操作を，スライドを使って確認する。
- ■展　開　・自由に創作をさせる。
　　　　　　・机を班の形にくっつけて創作させることで，生徒が他の生徒と教え合ったり試行錯誤したりしながら，協働的に学習できるよ

うな環境をつくる。

■まとめ ・工夫が見られる作品を取り上げ，進捗状況を紹介する。

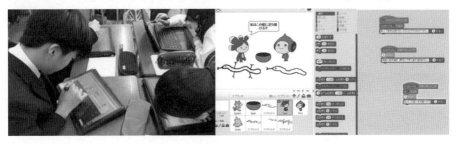

評価と振り返り

　この単元では，「様々な故事成語に触れ，故事成語への理解を深められたかどうか」ということが評価のポイントとなります。学習を終えた生徒たちからは，次のような振り返りがありました。

・色々な故事成語の意味が分かりました。アニメにすることで，言葉を読むよりも，より深く故事成語を理解することができました。故事成語は今も使えるものが多くあるのだということが分かりました。

・プログラミングは難しかったですが，楽しかったし，できたときは達成感がありました。故事成語にはたくさん種類があって，まだ知らない言葉もたくさんあるのだなと思いました。

・他の人の故事成語をじっくりと見て，自分の故事成語の意味もしっかり分かりました。短い言葉でも，とても深い意味があるということが分かりました。

　Scratch は故事成語に限らず，ことわざや物語文の学習など様々な教材に応用が可能です。今回，生徒たちは楽しみながら理解を深めることができました。

（前川智美）

論理力と試行錯誤する態度を鍛えるプログラミング
ビジュアルプログラミング言語「MOON Block」でゲームをつくって交流しよう

用意する機器	電子黒板またはプロジェクター，教員用および生徒用のPCまたはタブレット端末
おすすめの学年	中学1～3年（小学校でプログラミングに触れてきた中学1年生を対象とすると小中連携ができてよい）
領域	〔思考力，判断力，表現力等〕　B　書くこと

授業の概要

　無料のビジュアルプログラミング言語「MOON Block（ムーンブロック）」を使ってゲームをつくります。ゲームをプログラミングでつくることを通じて，論理的思考力や粘り強く試行錯誤する態度を向上させます。また，次の2点の観点で振り返りをさせることで，自身の学びをメタ認知する力も養います。

　①自分がつくったゲームの解説および遊び方の説明

　②ゲームをつくる学びによって，どんな態度や力が向上したのか

②の例（実際に中学2年生が記述したもの）

・このゲームをつくる学習から，言葉やそれに基づく動作を論理的に考えることが今までよりもできるようになったと思います。また，身近でなかったプログラミングのことを少しではありますが知ることができたと思います。（男子）

・スコアとタイマーの設定に苦戦しました。いろいろなパターンで何度も試したり，友だちに聞いたりして何とかつくることができました。最後まで試行錯誤しながらやりきる力が身につきました。（女子）

ICT の活用法

MOON Block は，下記のような画面でプログラミングしていきます。Internet Explorer や Google Chrome，Safari，Edge などのインターネットブラウザで，MOON Block と検索するとプログラムできるページが検索結果に表示されます。iPad などのタブレット端末でも利用できます。

プログラミングするために使う
ブロックはここから出す

作ったプログラムを確認・実行する画面

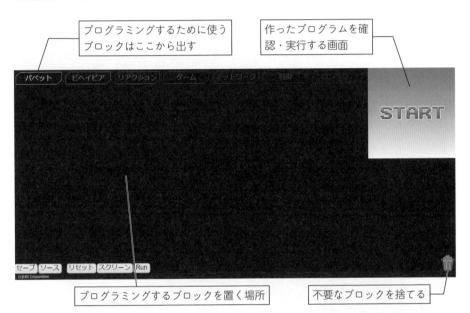

プログラミングするブロックを置く場所

不要なブロックを捨てる

「パペット」をクリックすると，6つのブロックが表示されます。まずは，いちばん上のパペットブロックをクリックしてつかまえ，つかまえたまま画面にドラッグ＆ドロップしてみましょう。すると，「パペット　くま」が画面上に現れますが，このままでは何も起こりません。

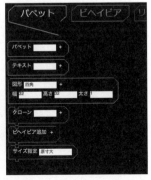

「ビヘイビア」をクリックすると表示される「出現　ひとつだけでる」，と「動き　ジグザグに移動　横」の2つのブロックをドロップ＆ドラッグで画面上に置き，「パペット　くま」にくっつけます。くっつけたら，「ジグザクに移動」をクリックし，「タップした

ところへ移動」をクリックします。画面左下の「Run」をクリックすると，画面右上のプログラムを確認・実行する画面に「START」が表示されますので，STARTをクリックしてプログラムを実行します。「くま」がマウスでクリックしたところに動くようになることが確かめられます。

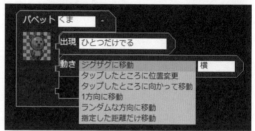

　以上の説明で，あとは自由に生徒にプログラムさせてみましょう。

　下のプログラムは，「くま」が上からたくさん出てくる「ぶた」にあたると，「ぶた」は消えてスコアが＋10となり，60秒後にスコアが600以上ならば，ゲームクリアするゲームのプログラム例です。

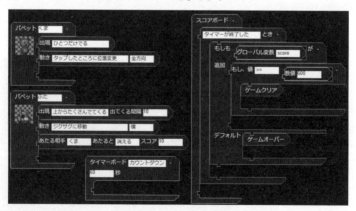

展開例／評価と振り返り

　「遊び」のよう見えて，実は，プログラムで自分が構想したことを実現するためには論理力が必要不可欠である学びです。論理力を鍛えます。

生徒の学習活動	指導上の留意点
第1時 　MOON Block の基本的なプログラミングの方法を知る。「パペット」というキャラクターの出現方法，動かし方，パペット同士の関係（クマがリンゴにあたったらリンゴが消えてスコアが＋10になる，など）をプログラムする方法を理解し，自分なりにプログラムをつくる。 **第2時** 　スコアとタイマーのプログラムから，プログラミングの論理の基本構造「分岐（条件分岐）」を理解し，使う。 　「タイマーがゼロになったときに，スコアが500未満だったらゲームオーバー。それ以外ならゲームクリア」のようなプログラムを自分のプログラムに用いる。 **第3時**　学びの振り返り 　下記の2つの観点から振り返りを書く。 ①自分がつくったゲームの解説および遊び方の説明 ②この学習活動で，向上した態度や力は何か。	・各ブロックの白地に文字の部分は，クリックすると様々な命令に変えられると教える。 ・見本のブロックを示す。ブロックの不等号表示などを隠しておき，考えさせてもよい。 ・「向上した態度や力」について書けない生徒へは，キーワード（試行錯誤など）を示す。

Aの姿	Bの姿	Cの姿
分岐（条件分岐）を理解しプログラムに生かしている。また，①，②の観点から学びを振り返ることができる。	分岐（条件分岐）を理解しプログラムに生かそうとしている。また，①の観点から学びを振り返ることができる。	分岐（条件分岐）を理解しプログラムに生かそうとしている。また，①の観点から学びを振り返ろうとしている。

（二田貴広）

kintone を使って相手に響く「ほめ言葉」の探究

目指せ！ほめほめハンター

用意する機器	電子黒板，タブレット PC
おすすめの学年	中学１～３年
領域	〔知識及び技能〕（1）　言葉の特徴や使い方に関する事項

授業の概要

　この授業では，「ほめほめハンター」と題して，kintone（データ収集・分析・交流などが簡単にできるクラウドサービス）を使って探究的学習を進めていきます。自分たちでデータを集め，クロス集計をするなど，情報を整理しながら考察し，グラフなどを使って調べたことをまとめて報告する，という学習です。光村図書中学１年の教科書に載っている「調べたことを報告しよう」からの着想となっており，子どもたちは「どんなほめ言葉がどんな人に響くのか」ということを探究し，言葉に対する理解を深めていきます。

　結果，「飽きっぽい人は"気が利くね"と言われたい」などの，自分たちなりの結論に至り，自分の考えをクラウド上で交流することによって，言葉に対する理解を深めていく探究的な学習です。

展開例（全５時間）

■第１時（ほめ言葉をたくさん集めよう！）

　６人１チームで，身近にあるほめ言葉をできるだけたくさん挙げてみます。

　ほめ言葉は様々な場面を想定しながら，次の４つのカテゴリーに分けて整理します。

1．顔（容姿）

2．雰囲気

3．行動・態度

4．性格

ほめ言葉が集まったら，チームで探
究したいカテゴリーを１つ選びます。

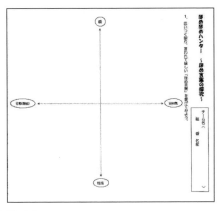

■第２時（kintone を使って調査しよう！）

kintone でみんなに聞いてみたい質問を考えます。その際，記述ではな
く選択肢で答えられるような質問がよりよいです（例：一番うれしいほめ言
葉は？）。

　質問したいことを，左側のラジオボタンやチェックボックスなどから追加
し，右側のアンケートフォームを完成させます。ドラッグ＆ドロップでブロ
ックを動かすだけでフォームをつくれるので，小中学生でも操作は簡単です。

■第３時（調査結果を分析しよう！）

　アンケートフォームを公開し，クラスのみんなにアンケートに答えてもらったら，集まったデータを分析します。kintone は集まったデータをボタン１つでグラフ化したり，一瞬でクロス集計してグラフに表したりすることができるので，とても便利です。集計結果のグラフを見ながら，言われてうれしいほめ言葉のトレンド（傾向）を考察します。

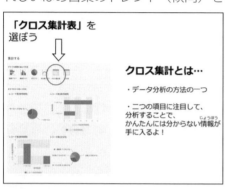
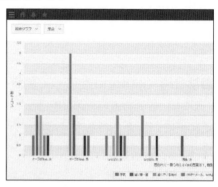

■第４時（分析をもとに報告書をつくろう！）

　調査結果について，班の考察を受けて，自分が最終的に出した結論やグラフの画像などを kintone のクラウド上にある報告書フォームに入力します。

　あらかじめ「セッションスペース」という名前でフォルダをつくっておき，報告書フォームは，そのフォルダの中に保存をさせるようにすると便利です。

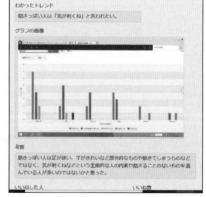

■第5時（kintone 上でセッションをしよう！）

　セッションスペースで，全員の報告書を互いに読み合って，「いいね！」機能を使って評価やコメント欄に入力をして質問や感想をやりとりします。教室で行うポスターセッションをクラウド上で行うようなイメージです。

ICT 活用のメリット

　従来，こうした調べ学習は大量の紙を使ってアンケート作成・印刷・集計をしなければならず，膨大な手間と時間がかかりました。しかし，kintone を使えば，ドラッグ＆ドロップのマウス操作のみで簡単にクロス集計・グラフ化が行え，本来の目的である「情報の扱い方」という本質により迫った学習をすることができます。kintone は今や社会でも業務改善ツールとして広く使われており，実社会により近い学びを子どもたちに体験させられます。30日間の無料お試し期間の利用のみでも十分に実践できる内容であり，小学生でも扱えるツールであるため，国語授業だけでなく，他教科での活用，委員会活動や教員の業務改善という点でも，今後期待ができるツールです。

評価と振り返り

　この学習は「調べたことをもとに自分なりの考察ができた」という点が評価のポイントとなります。生徒は学習を通して次のような結論を出しました。

・飽きっぽい人は「足が速い」，「字がきれい」など部分的なものや飽きてしまうものなどではなく，「気が利くね」などの普遍的な人の内面や飽きることのないものを選んでいる人が多いのではないかと思いました。

・「きれい」や「美形」など，同じような言葉でも，少し言葉が違うだけで意味や伝わり方が違うのだと思いました。嬉しいと感じるほめ言葉となりたい性格は比較的似ている傾向にあるのではないかと考えます。これからはその人に合った言葉を伝えようと思いました。

（前川智美）

プレゼンソフトで有名人になりきる

随筆の作者になったつもりで資料をつくりプレゼンしよう

用意する機器	タブレット端末（PC でも可），電子黒板，プロジェクター
おすすめの学年	中学 2〜3 年
領域	〔思考力，判断力，表現力等〕　A　話すこと・聞くこと

授業の概要

　中学 2 年生くらいの教科書にある随筆文は論説文に近い内容のものがあります。特に科学的分野の文章になると，題材も情感的な内容を含みつつ，筆者の科学的知識に基づく論があるものが少なくありません。ゆえに，漫然と文章を読むのではなく，具体例と筆者の主張を区別しながら読みたいものです。その点で，随筆の具体例は論説文に比べイメージしやすく，かついくつかの経験からの具体例が繰り返し述べられます。よって，筆者の主張は何かも考えやすく，論説文よりも生徒にとっては親しみやすさもあります。

　授業では，筆者になったつもりでプレゼンテーション用の資料をつくり，グループごとに発表しました。そうすることで，筆者自身になりきることができます。後述しますが，筆者の考えを文字なり，画像や記号など別のものに置き換えていくところがポイントです。文の組み立てを理解しながら，文章をよく読むこと，そして何が言いたいのかを伝えることを学習します。

ICT 活用のメリット

(1)　深い読みにつながる

　プレゼン資料をつくるときの条件として，「文字は極力少なく」としまし

た。ともすれば，多くのプレゼン資料は紙の資料のように文字で埋め尽くされます。文字で埋め尽くさないことがポイントです。今回はあくまで，口頭での発表用のプレゼン資料なので「文字は極力少なく」「画像や記号を多く」と繰り返し話しました。筆者の言いたいことをそのままコピー＆ペーストしたのでは，読解したことにはなっていないからです。筆者の表現を一度理解してから，自分の思考で表現し直し発表をすることで，筆者の言いたいことが理解できているのか，他のクラスメートとの読解の異同が把握できます。

　プレゼンソフトを使うと文字と画像を並存できます。これは，便利なだけでなく，筆者の表現したことを置き換え，再構成することが目的です。

＜生徒の思考の過程＞

①筆者が述べようとする具体例をイラスト化し，イメージが高まる。

②具体例と筆者の主張がどう結びつくかを理解しようとする。

③いくつか挙がる具体例の異同を考える深い読みになる。

④深い読みの中からプレゼンソフトに再構成することで，自分の読みの振り返りになる。

(2)　文の構成を理解できる

　中学2，3年生になると，具体例からの一般化や抽象化ということでつまずく生徒が多いように見受けられます（丹念に具体例を読んでいけば，そこから筆者が導き出そうとしている一般化や抽象化されている箇所に立ち止まることができ，筆者の主張と結びつくことができます）。ただ，一般化，抽象化された途端に内容把握がぼやけてしまい，具体例しか頭に残らないという生徒もいます。論説文になれば，具体的経験だけを述べたいわけではないことが分かっていても，一般化，抽象化された部分はどうもピンとこないようです。これまでの「具体例を参考にその後にくるまとめの部分（抽象論）から筆者の意見を導き出そう」という授業では，抽象論のところをどう解釈すればいいのか教わることを待つ生徒も多くいました。

　ところが，筆者になったつもりでプレゼンをすれば，筆者の意見は抽象論

の中にあるのですから，そこの理解を避けることはできません。具体例はあくまで具体例であり，その後にくる抽象化された箇所にこそ，筆者の述べたい意見があるのです。

(3) 発表する経験ができる

　小グループならタブレット端末を使うと電子黒板やプロジェクターがなくても簡単にプレゼンができます。椅子を丸く配置して，発表者が中央に立ちます。5～6人のグループにすれば，発表者もあまり緊張せずに，ペアワークなどの延長でできます。話したり，聞いたりするためには，場をつくることと慣れることも大切です。いきなりクラス全体の前で自分の意見を発表できない生徒も多いので，小グループで，筆者になりきって，筆者の意見を自分の意見のように話をするという体験が重要です。

展開例（全5時間）

○毛利衛「文化としての科学技術」（学校図書）
要旨：
(1)筆者が買い物に出かけると造花が人々の心をつかんでいること，ドライフラワーの造花まであること，そればかりか造花を生花だと思い，その周囲を飛び続け蜜を探す蝶を見て驚く。人は手間を惜しんだ快適さを，蝶は本能の部分で騙されていると思えた。（具体的例示）
(2)都市生活者が火星に住むことは難しくないのではないか。なぜなら都市生活者は人工的で無機質，機能性だけを求めた生活をしているという観点から，火星移住後の人類の姿と合致するからだ。（問題提起）
(3)無機質で快適な生活を求め続けすぎる人類の未来は，やがて快適さだけを

求めて本能まで騙されるとすれば，「生」きること自体が危ういと感じる。（筆者の主張）

■第１時：本文の黙読の後，文構成（上記⑴～⑶）プリントを中心にペアワーク

○このとき，具体的事例・問題提起・筆者の主張の３つをおさえられているかを確認。

○本来は問題提起である⑵も具体的事例として捉える生徒も一定数いたが，⑴を具体的事例としておさえられていれば問題ないこととした。

■第２，３時：プレゼン資料作成

①文字は極力少なくすること，②構成を記号などで示すこと，③１シートに情報を盛り込み過ぎないこと，④紙資料ではなく「紙芝居」のようなつもりで，相手に話す際の補助的な資料にすること，に留意させた。

■第４時：班ごとに発表

○４～５人の小グループで，それぞれのプレゼン資料に合わせて発表を行う。

○椅子をＵの字に置き，中央に発表者が立つ。

○発表時間は２分程度とする。

○個人の発表後に，プラス点とマイナス点を１つずつ挙げ，共有する。

■第５時：班代表発表

○各班代表が電子黒板とプロジェクターを通して，クラスで発表。

評価と振り返り

○各班ごとに発表した際のプラス点とマイナス点のフィードバックを踏まえ，プレゼン資料をつくり直す。

○発表の際の工夫や改善点（発声，視線など）を次回の機会に生かす。

○多様な読解は認めつつも，具体的例示と抽象化を結びつけると文脈や筆者の述べたいことは同一に読み取れることを理解する。

（飯島崇史）

SDGs をもとに身近な問題と対比させて動画にする
SDGs を自分事として表現しよう

用意する機器 タブレット端末（PC でも可），電子黒板，プロジェクター
おすすめの学年 中学2～3年
領域 〔思考力，判断力，表現力等〕　A　話すこと・聞くこと

授業の概要

　どの教科書でも表現の単元があり，「新聞づくり」や「作文」などを手段とすることが多いようです。また，社会と結びつけた単元もあり，「街の紹介」「マスメディアの役割」「自然環境の保全」などが多いように思います。

　今回の授業では，「表現」の単元と，「社会との結びつき」の単元を組み合わせて，タブレットで班ごとに表現する授業を行いました。ルールは以下です。

＜テーマは次の中から選ぶ＞
　○身近な問題を SDGs と結びつける。
　○社会性の高い問題に取り組む。
＜表現方法は次の中から選ぶ＞
　○動画作成
　○プレゼンソフトの画面録画
　○プレゼンテーションの録画
　本単元では，社会で起きている問題を自分の外側で起きていることと思わ

SDGs 「持続可能な開発目標」のこと。Sustainable Development Goals の略称。2015年9月の国連サミットで採択された「持続可能な開発のための2030アジェンダ」に記載された国際目標である。

ずに，「自分に引き寄せて」問題点を考えること，そして解決策を示さないことをポイントとしました。

ICT 活用のメリット

(1) 多様な表現ができる

文章を書いたり，発表するのが不得手でも，動画をつくったり，プレゼン資料をつくると驚くほど上手にできる生徒がいます。そんなとき，この生徒は考えていないのではなく，考えていることを文字にすることが不得手なのだと気づくことがあります。動画などをつくると自分の考えたことが上手にアウトプットできるのです。

(2) 協働学習がしやすい

班ごとにシートに書かせてもなかなか形になりませんが，タブレットとスマホが1台あれば，あらゆる協働学習が生まれます。ある生徒は配付した絵コンテのつくり方を調べながら2〜3人でコンテづくりを進め，別の生徒は音楽を選び，さらに別の生徒が台本や演出を考え始めます。タブレットで調べるということが能動性を生み，そこに協働学習というより，自分の得意分野を生かした分業学習というようなものが生まれます。得意なことをやり始めるので，生き生きとしています。

(3) 社会に目を向ける

SDGs については，多くの動画資料が公開されています。今起きている貧困や過疎，食糧自給の問題などは，文字にすると生徒たちは敬遠しがちですが，動画であれば視覚的に分かるので，取り組みやすいようです。また，

1つの話題から別の資料が簡単に入手できるため，繋げて考えることができ，生徒は興味をもちやすいです。社会で起きているリアルな問題の動画から，自分に引き寄せて考えることができるので，多角的な思考を生みます。例えば，食品ロスについて考えているグループが，単純に仕入れを少なくすれば

いいと議論しているのを見て，「損益分岐点」という言葉を示し，捨てたほうが儲かる場合もあるのだということに気がつき，表にまとめていました。このように，社会における複合性に気がつく場合があり，学びが広がります。

展開例（全5時間）

■第1時

自分たちの興味のある題材をSDGsのテーマの中から選び，さらに小テーマに絞る。一方，それが自分たちの身近なテーマとどんな関係をもちそうか考える。

 （例）　①SDGsテーマ　　　貧困をなくそう

    ②小テーマ　　　　食品ロス

    ③自分たちのテーマ　無駄をなくそう

■第2，3時

1時間目に考えたテーマをもとに絵コンテをつくり，イメージやシナリオ，配役を考え，動画を撮影する。また，今回はテーマ紹介の動画にならないように，あくまで自分たちの身近な事柄に結びつけての問題点を提起する。

■第4時

動画撮影を行う。またその編集を行う。

■第5時

各班がつくった動画を見る。

今回は試作ということもあり，評価表などを渡さずに，鑑賞だけにしました。評価表などで評価をするメリットもありますが，評価表をつけないで自由な発想の中で観ることができるというメリットもあります。

評価と振り返り

○今回の授業では評価はつけない。

○一方的な見方で終わっていないかという点，すなわち，例えば「薬物依存」はよくないことではあるが，国によっては認められている薬物があるのはどうしてか，また単に「やらないほうがいい」という見方ではなく，なぜそれが起きてしまうのかという問題点に焦点を当てられているか。

○自分の問題として引き寄せられているか。すなわち「薬物依存」はよくないことであるが，「依存」ということまで広げれば「ゲーム依存」や「スマホ依存」という中学生にとっても身近な問題であることに引き寄せられているか。

○課題の解決策を探るのではなく，問題点を提起できているか。すなわち，課題を見つけるとその解決策を探ろうとするが，社会的問題を中学生が解決するのは困難である。上記問題であれば「薬物依存」から「ゲーム依存」といった問題を引き寄せ，「ゲーム依存」になれば通常の生活を脅かす恐れがあるという問題点に気づき，それが論として構成されているかという点が大切である。

（飯島崇史）

テレビ会議システムで交信

情報を「自分事」として捉えよう

用意する機器 電子黒板，プロジェクター，タブレット端末

おすすめの学年 中学3年

領域 〔思考力，判断力，表現力等〕 A　話すこと・聞くこと

単元のねらい

○情報と主体的に向き合い，「他人事」でなく「自分事」として情報を捉え，他者・自己・社会との「対話」を重ね，思考を深める。

○「他者」と言葉を介して出会い，自己を相対化し，自分の考えをつくり上げていく。

○「今」の情報を読み解き，物事の本質を捉え，社会に参画する意識を高めるとともに，自らの生き方に生かしていこうとする態度を育てる。

授業の概要

　東日本大震災に関する多様な情報を収集・活用し，「今」の情報を読み解きました。社会生活から課題を決め，情報を活用しながら，自分の考えを深めることの重要性を認識させたいと考えています。そのためにテレビ会議システムを活用し，被災地の方に共同取材を行い，自分たちに何ができるかを考え，防災・減災についての提言を発信しました。

ICT の活用法

　中学生にとって，震災に関するメディアの情報について，当事者意識をもって受け止めることは難しいです。被災地を訪問することも容易ではありません。そこで，テレビ会議システムを活用し，リアルタイムで共同取材をしました。当事者意識をもって情報と向き合い，双方向の交流をするためです。テレビ会議システムを活用した遠隔交流により，移動コスト，時間，場所，地域を超えることができると考えました。

ICT 活用のメリット

○テレビ会議システムを活用したリアルタイムの交信により，直接情報（第一次情報）を得ることができ，情報と主体的に向き合うことが可能になります。
○画面を通して相手の反応も感じ取ることができ，相手意識をもっての交流が可能になります。
○限られた時間，リアルタイムでの交流が，直接情報のもつ意味，コミュニケーションのあり方を考えることにつながりました。
○文字情報だけでなく，映像・動画によって，身振り，手振りも含めたトータルな情報による双方向が可能になりました。

授業づくりのポイント

　遠隔地とつながっていること，合わせて不特定多数でなく，自分たちのために向けられた情報であることを実感でき，最新の情報の交換は学びへの意識を高めることになりました。

帯単元の展開

○2年3学期…**自分事として捉える**　東日本大震災に関する情報を読み取り，自分とは異なる見方，感じ方，考え方について慮り，伝え合い考える。

○3年1学期…**それぞれの持ち場で**　東日本大震災直後，次の日，1週間後，1ヶ月後，それぞれの持ち場で，どのような思いで，どのような行動をとっていたのか情報を読む。阪神・淡路大震災から継続して災害報道に関わってきた記者一情報の送り手の思いを聞く。

○3年2学期…**検証「釜石の奇跡」**　ＮＨＫシンサイミライ学校　いのちを守る特別授業「私たちがふるさとを守る～釜石の奇跡」を視聴する。釜石を取材してきた記者に共同取材をする。

○3年3学期…**わたしたちの防災・減災**　被災地・釜石の岩崎さんへの共同取材をする。リアルタイムの共同取材について検証する。防災・減災についての学びを新聞形式でまとめ情報発信する。

本時の展開例

■目標

○「対話」「交流」を通して，情報から「情」を読み取り，自らの思いを発信する。

■展開

	主な学習活動	ICT活用のポイント	評価の観点
導入	○2年3学期からの帯単元の学習活動について，振り返りをする。 ○帯単元のめあて，本単元で取り組むべきことを確認する。	・「電子書籍作成ツール」（iBooks Author）を活用して，帯単元の学びの足跡を俯瞰的に捉えるようにする。 ・時系列での振り返りを通して，本時のめあてと学	【主体的に学習に取り組む態度】 　目的や場面に応じ，立場や考えの違いを踏まえて話したり，考えを比べながら聞いたり，相手の立場を尊重して話し合ったりしよう

	○本時のめあてを確認する。	習活動を明確にする。	としている。
展開	○取材のポイントをおさえる。 ○被災地・岩手県釜石市で復興に取り組む「宝来館」の岩崎昭子さんに共同取材をする（各グループの「問い」を共有化する）。 ○各グループから質問をする。 ○岩崎さんからの答えを「聞き取りメモ」を取りながら聞く。 ○岩崎さんの答えに対して「次なる問い」をもつ。 ○それぞれが考えた「問い」をグループで知恵を出し合い，１つにしぼり込む。 ○岩崎さんへ次なる質問を重ねる。 ○岩崎さんからの答えを聞く。 ○前時に創作した短歌を再構成する。 ○短歌で思いを送る。	・Apple TV でポイントを提示する。 ・Skype でのリアルタイムの交信により，直接情報（第一次情報）を得ることができ，情報と主体的に向き合うことが可能になる。 ・相手の反応も感じ取ることができ，相手意識をもっての交流ができる。 ・１対１の使用を前提としているテレビ会議システムを，多人数で活用するため共同取材というスタイルで，連続性のある言語活動（問い～答え）を展開する。 ・限られた時間，リアルタイムでの交流が，直接情報のもつ意味，コミュニケーションのあり方を考えることにつながる。 ・文字情報だけでなく，映像・動画によって，身振り，手振りも含めたトータルな情報による双方向が可能になる。	【思考・判断・表現】 　場の状況や相手の様子に応じて，資料や機器などを効果的に活用して話している。 【知識・技能】 　目的や場面に応じ，話し言葉と書き言葉との違い，共通語と方言の果たす役割，敬語の働きなどについて注意している。 【思考・判断・表現】 　場の状況や相手の様子に応じて，資料や機器などを効果的に活用して話すとともに，自分のものの見方や考え方を深めている。
まとめ	○取材活動の振り返りをする。 ○次時の予告。		

（植田恭子）

必要とされているのは、教員側の思考の根底からのコペルニクス的転換。（常）

77

意味調べも読解も紹介も全部 ICT で

「故郷」をみんなで読んで紹介動画をつくろう

用意する機器 読み：iPad や PC などの端末，Google のアプリ

動画づくり：iPad（iPhone も可），iMove

おすすめの学年 中学３年

領域 〔思考力・判断力・表現力等〕 A 話すこと・聞くこと／C 読むこと

授業の概要

作品を読む過程でも，読み取ったことを他者に発信するのにも，ICT を使って行いました。読むことに関しては，意味調べや作中の歴史的背景，文化的背景を調べて共有するのに，Google ドキュメントと Google スライドをクラスの生徒全員で共有し，１つのノートと資料集を作り上げ，これらを使って対話形式で読みを深めていきました。

作品を読み，100年前に中国の民衆に向けて書かれたこの作品を現代の日本の中学生はどのように解釈し，他者にどのように伝えたいのかを考え，紹介動画（ブックトレーラー）をつくりました。

ICT 活用のメリット

クラス全員でドキュメントとスライドを共有しながら進めることで，作業時間の短縮ができ，読むことに時間をしっかりと取ることができます。また，動画づくりという生徒たちがわくわくする作業を用意することで，やや自分事にしにくい作品の世界を身近にすることができます。

■第１時

範読を聴きながら分からない言葉や知りたいこと，作品を読んでの問いやキーワードなどを共有の Google ドキュメントに書き込んでいきます。読後，分担して語句の意味を調べ，同様に書き込みます。見やすい資料にするために，表を挿入してそれに書き込もうというアイデアが生徒から出ました。「刺叉」や「紺碧」といった辞書の言葉では理解しにくいものについて，該当する写真を貼り付けるなどの工夫も生徒から出てきました。

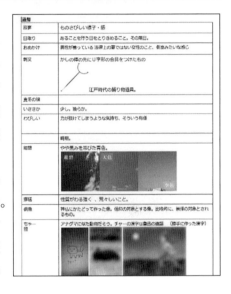

また，意味調べと並行して「問い」や「知りたいこと」に見出しをつけて整理する生徒が現れました。これらの作業は１つの教室内で生徒それぞれがPC に向かって行いますが，様々な声かけが自然に生まれ，活発な意見交換が行われます。教師のすることは，30人前後で１つのドキュメントファイルを共有するため，他の人が書き込んだものを間違って消してしまわないように注意を促すこと，意味調べでは出典を明記することを伝えることなどです。

■第２，３時

第１時で出た「問い」をみんなで考える手がかりとして，語句以外の不足している知識を補うための資料づくりをグループで行います。作品の読みを深めるために必要だと思われるトピックを生徒に出してもらいます。例えば，「作品中の文化や歴史的な背景」「家族制度」「五行説」「作家魯迅」「ヤンおばさん」などです。これらをグループで調べ，Google スライドにまとめて資料集をつくります。このときも，スライドは１つのファイルを全員で共有

します。グループごとにスライドを
つくることが多いと思いますが，後
で見返すときに複数のファイルを見
るのは意外と面倒なものです。初め
に，「スライドの１〜５ページはＡ
グループ」など，作業スペースを区
切ってからスタートすると混乱が少
ないです。その後に使用したいスラ
イドが増えても，問題はありません。

　ここでの注意も，共同編集にあり
がちな「他の人が書いたものをうっ
かり消してしまった」を減らすこと，消してしまったときはすぐに申告して
全員が作業を止め，編集履歴を確認してできる限りもとの状態に戻すことで
す。何度か失敗すると，生徒たちはコツをつかみ，その後は問題なく作業を
進めてくれました。もちろん，参考にしたサイトや書籍については出典を明
記するように何度も伝えます。

■第４，５時

　みんなでつくりあげた資料集（スライド）を使いながら，作品を読んでい
きます。ドキュメントにまとめられた「問い」を取り上げ，対話形式で進め
ます。必要であれば，資料作成を担当したグループに解説をしてもらいます。

■第６時

　作品を読み深めたことを踏まえて，自分事にします。約100年前に中国の
民衆に向けて書かれた「故郷」という作品を，現代日本の中学生が読む意義
は何だろうと問いかけ，この作品がもつテーマを考えていきます。生徒から
は「貧困」「経済格差」「ジェンダー」「教育」などが挙がりました。

■第７〜９時

　第６時で出たテーマをもとに，「中学生のときに『故郷』を読んだ大人た
ちがもう一度『故郷』を読みたくなるような紹介動画をつくる」という課題

を設定しました。動画作成はグループで行います。テーマを絞り，どのように「故郷」の世界観を表現し，メッセージを伝えるか，絵コンテをつくり必要な小道具を準備します。基本的には校内にあるもの，家から持ってこられるものだけで撮影していきます。撮影と編集にはiPadを使います。iMoveは，動画の編集が初めてでも直感的に使うことができ，効果的な音楽やキャッチコピーを考え，映像に追加することも簡単です。動画づくりに時間を割けない場合は，iMoveの予告編というフォーマットを用いると，何枚か写真を撮って並べるだけでそれなりの動画に仕上げることができます。初めての場合は，予告編から始めるのもいいでしょう。

■第10時

　上映会を行います。教室を暗くして雰囲気をつくり，できるだけ多くの先生にも声をかけて観にきてもらいます。動画を上映し，グループの代表がどのような意図で動画を制作したのかを発表します。

　最後に授業全体のリフレクションをGoogle Classroomに入力します。

評価と振り返り

　評価は事前にルーブリックを提示し，それに沿ってリフレクションや動画を評価しました。

　意味調べや資料づくりでは，読みを深めていく途中で不足していることや間違っていたことなどを書き加えたり訂正したりしながら，より詳細な資料に近づけるなど，生徒自らが役割を見出して授業に貢献する態度が多く見られました。上映会では，他のグループの動画に興味津々。動画が終わると自然と拍手が起こりました。オーソドックスなもの，斬新なもの，様々な切り口で「故郷」を紹介することで，再度作品を読み直したくなったようです。自宅で家族に動画を見せ，感想をもらうなどの能動的な姿も見られました。

　生徒からは，発言は苦手だが書き込みなら意見を述べやすく，主体的に参加できたという感想が多く見られました。　　　　　　　　　　　（一木　綾）

Google ドキュメントのコメント共有機能を使って意見交流をして深める
「成人の日」新聞コラムななめ読み

用意する機器 ノート PC（教師・生徒各 1 台），GSuite for Education
おすすめの学年 中学 3 年
領域 〔思考力，判断力，表現力等〕　B　読むこと／C　書くこと

授業の概要

　「成人の日」の 3 つの新聞社のコラムを比べ読みし，最も説得力のあるものを選んで引用しながら，批評をする学習活動です。文章を読み比べ，内容や表現の仕方について評価できること，適切な資料を引用して，説得力のある批評の文章を書くことができることが，この授業のねらいとなります。

展開例（全 4 時間）

■第 1 時　学習の見通しをもち，コラムを読む

①新聞のコラムについて知る

　まず普段，新聞にどれくらい接しているか Google フォームでアンケートを取りました。その結果，あまり新聞（コラム）を読んでいないということが分かったので，実際の新聞を見せながら，コラムについて説明をしました。

②3 紙の「成人の日」の新聞コラムを読み，一番説得力があるものを選ぶ

　3 つの全国紙の中から「成人の日」に書かれたコラムをドキュメントに書き起こして読めるようにしました。一読した後で「一番説得力があると感じたコラムは？」「一番いまいちだと感じたコラムは？」と質問し，それを

Google Classroom の「質問」機能で意見を集約しました。

③評価したコラムについての意見を書き込む

　ここで，多面的なものの見方・考え方を交流させるために，ICT を活用してクラスの生徒同士でコラムについての意見交換をすることにしました。

　まず，「一番いまいちだ」（＝賛同できない，良くない）と感じたコラムについて，どの記述が不十分であったのか，意見や疑問点を出してもらいます。ドキュメントのデータをクラス全体で「コメントのみ可」で共有し，気になる箇所を指摘してコメントを書き込む形で意見を出し合いました。

■第２時　自分と同じ意見や異なった意見の読み手と意見交流する

　２時間目は，１時間目と逆に「一番説得力がある」と感じたコラムにコメントを書いていきます。ただし，すでにコラムには，「一番いまいちだ」と感じた人のコメントがついています。それに反論をしたり，別の角度から「説得力がある」と感じた記述を指摘したりしていくことになります。

■第３時　複数のコラムを比較して批評文を書く

　３時間目には，これまでの活動を生かして，自分のコラムへの評価を批評文で表現していきます。池上彰さんの「新聞ななめ読み」では，複数の新聞社の記事の取り上げ方や文章を批評しています。この記事を批評文の学習モデルとして読み合ってから，次のような課題に取り組みました。

課題

　三つの新聞のなかで，成人の日のコラムとして一番良かったものを一つ選びその理由を述べること。他の二つのコラムと比べ，どんな点が良かったのか具体的に説明する。

※池上彰「新聞ななめ読み」の書き方を参考に。

①一番優れているコラムを一つ選び，他の二つと比べる。

②様々な観点から比較できるとよい。

観点例

書き出しのインパクト／筆者の主張／取り上げた事例（事実）／表現の工夫／わかりやすい／若者（新成人）に伝わる　など。

書き出し文例

・「成人の日」には毎年新聞社が腕をふるってコラムを掲載する。その三つのコラムの中で，私が最も心を打たれたのは……だ。

・まず，書き出しを比較してみる。Ａ新聞では……。Ｂ新聞では……。Ｃ新聞では……。

・「成人の日」のコラムで大切なのは……と……と……だ。この点から私が最も優れていると感じたコラムはＡ新聞のものだった。Ａ新聞は，……を題材として……というエピソードを取り上げ，……というメッセージを若者に投げかけている。……というエピソードが……なので，新成人となった若者たちにとても共感できるものとなっている。

◎批評文に使える言葉

新聞記事，記者，コラム，共感できる，納得できる，魅力的だ，説得力がある，心に響く，刺さる，エピソード，出来事，題材

　なお，課題は Google Classroom 上で出し，生徒はドキュメントで自分の批評文を書いていきます。Google Classroom では生徒のドキュメントが自動で教師と共有されるので，教師は随時生徒の執筆状況をモニタリングして，必要があれば助言をすることができます。

■第４時　書き上がった批評文をお互いに読み合い感想を交流する

　完成した批評文は共有機能を使い，クラス内で読み合いました。また，他のクラスで書かれた優れた批評文を紹介して読み合いました。ここでもコメントを書き合う機能を活用して，優れた視点や表現を全体で共有しました。

ICT 活用のメリット

　本校は１人１台の Chromebook を貸与している環境となります。基本的にこの授業はすべてデジタル上で行い，補助的に紙の資料を配付しました。コラムの文章を読み合ったり，コメントを書き合ったりする際にはドキュメントを，意見を集めるときには Google Classroom を活用していきます。このようにすることで，紙資料の印刷から解放されますし，意見交流や共有

がとても簡単に行うことができ，学習を効率化させることができました。

授業づくりのポイント

①紙とデジタルを使い分ける

　比べ読みは紙の資料が適しています。デジタルテキストは基本的に1画面で1テキストになりますが，それに比べて，紙に印刷して配付すれば，複数の資料を机に並べて，読み比べることが可能になります。

②交流をデザインする

　授業では「反感」→「賛同」という順にコメントをつけ合うようにしています。これは，他の人が賛同した意見に反論するのは抵抗があるという心理に配慮しています。ちょっとしたことですが，順番や組み合わせに気をつけると，活発な意見交流を促すことができます。

評価と振り返り

　生徒の作品から評価観点を設定し，以下のルーブリックで評価しました。

	A	B	C
内容	Bに加えて…… 複数の観点を設定し，良いと感じる点や，他のコラムの劣ると感じる点について評価している。	一番説得力のあるコラムを選び，他の2つのコラムと比較して，根拠となる箇所を示しながら良い点を評価している。	Bに比べて…… 1つしか比較していない。根拠となる箇所や理由が指摘されていない。
形式	Bに加えて…… 表現が具体的で，語彙も豊かである。	誤字脱字がない。文のねじれなどの目立つ瑕疵がない。	誤字脱字，文のねじれなどが見られる。

　「成人の日」という題材は，中学生には比較的身近なものだったせいか，活発に意見を交わす姿が見られました。中学生なりの観点で論説文を批評することができ，手応えを感じる授業となりました。

（渡辺光輝）

生徒が授業中に一斉にスマホを眺めてポチポチやっている姿が快感になると，いよいよ本物。（加）

タブレットでの録画を活用した古文の導入学習

古文をペープサートにして親しむ

用意する機器	タブレット（iPad），プロジェクター
おすすめの学年	中学 1 年～高校 1 年
領域	〔知識及び技能〕(3) 我が国の言語文化に関する事項

授業の概要

　中学 3 年や高校 1 年で古文に取り組む機会は多くあります。しかし，古典嫌いの生徒は年々増える一方です。

　昔話や近代の文章と違って，見慣れない文体でとっつきにくいという印象をもつ生徒も多いはずです。例えば『伊勢物語』「筒井筒」を取り扱うときも，3 人の男女の関係が分かりにくいという印象を一度もってしまえば，たとえ現代語訳を読んでも苦手意識から「親しむ」という姿勢ではなくなってしまいます。原文も現代語訳も厳しくなるでしょう。

　そこで，タブレットやアプリの録画機能を使ってペープサート（紙人形劇）を制作し，古文を自分たちの言葉で理解し表現する機会を設けました。

　手順は次の 5 段階です。

①場面と配役を決める。

②登場人物の紙人形を作成する。

③古文を自分たちの言葉で現代語訳し，原稿を作成する。

④ペープサート（紙人形劇）を録画する。

⑤生徒から動画を集約して鑑賞会を行う。

ICT 活用のメリット

〇何度も撮り直すことで，古文に取り組む機会を増やすことができます

　紙人形自体は紙と割り箸で簡単に作成することができます。劇の録画ではタブレットやアプリの録画機能を用います。「ロイロノートスクール」というアプリが入っていれば，伊勢物語の場面を句切ることで録画を一本撮りする必要がなくなり，撮り直しがしやすいです。台本を読み間違えたり詰まったりして撮り直すことが重なれば，生徒は物語の筋を自然と何度もアウトプットしながら辿ることになります。私は ICT を用いるうえで「自然に促す」という視点をもつように心がけてきました。動画を撮る機能しか使っていませんが，それでもこの一点の工夫で大きな効果を生み出すことができました。

〇完成した動画はすぐに共有し，授業で深めることができます

　完成した動画はデータとしてすぐに共有です。iPad であれば「Air drop」機能で，ロイロノートであれば「送る」機能で，教員が瞬時に生徒からデータを集約します。教室のプロジェクターを使って鑑賞会をしながら，制作班に留意点を発表させて教員側からも質問や指摘をするなど，内容へのアプローチもしやすいことが魅力です。

展開例（全6時間）

■第1時　『伊勢物語』について

　『伊勢物語』についての背景や知識を得るために，教科書や動画「NHK for　School 10minBOX」を使いました。その後，各自で現代語訳と合わせながら原文を音読して，新出の古文単語の意味を確認しました。

■第2時　場面と配役を決めて，登場人物の紙人形を作成する

　4人ほどの班をつくります。その後，紙人形劇を制作するに当たって，場面と配役を決めました。本文をそのまま劇化するだけでは，単なる教科書の焼き増しです。『伊勢物語』では，3人の登場人物（ある男・男の妻・高安

の女）から2人だけに焦点を当てるよう制限を設けました。人形の完成度より，人物の関係やそれに伴う心情に重きを向けさせるためです。

■第3時　古文を自分たちの言葉で現代語訳し，原稿を作成する

第2時で制限を設けたことで，物語本文の内容を踏まえた自分たちの台本を作成する必要があります。教科書を何度も見返して単語の意味を確認しながら，各班で台本を作成しました。

教員は机間巡視しながら，内容についての質問や台本作成のアドバイスを行います。速い班では，この時点から撮影に取りかかる班も出てきました。

■第4時　ペープサートを撮影して，教員が集約する

第3時で作成した台本をもとに，物語の劇化に取り組みました。言い間違いや詰まってしまったら，撮り直しをさせます。この原稿作成〜劇化の過程が，何度も物語を自分たちの言葉で音読して親しむメインの時間となります。

一般的な訳文ではなく，本文を踏まえて，自分たちの言葉で考えた人物の関係や心情の物語を何度も音読し録画することで，自然に繰り返し音読する機会を設けました。

■第5，6時　鑑賞会を行い，内容を深堀りする

集約した動画をみんなで鑑賞します。クラスメイトが制作した動画なので，観ようというモチベーションも向上するようです。

動画を観た後は，制作班に留意した点や本文から何を読み取って台本を作成したのかなどを質問や指摘で深堀りしていきます。集約しての取り組みなので，全員で共有できる点もメリットの1つです。

また，中学生で『竹取物語』に取り組む場合は，「羽衣」や「牛車」に予め注目させ，詳しく知る機会を促しておくなど，第2〜3時での工夫がこの時間で大きく活きてきます。逸脱した劇化をしては意味がありませんから，「本文を踏まえた」ことがどの作品や学年でも大前提となります。

評価と振り返り

〇登場人物の心情を想像しながら読み，ものの見方や考え方に触れる。
〇本文を踏まえた劇化を通して，自分の言葉で親しみと理解を深める。

　主体的な学びには，生徒が進んで行うための「できる」「面白い」「別の資料でも取り組んでみたい」という気持ちを喚起することが必要です。

　取り組むたびに成果物として蓄積されていくので，その年の生徒に動画を事前に見せることでゴールを明確にでき，モデルを提示できます。年々劇化の完成度を上げていくことも不可能ではありません。

ペープサート動画

　助動詞などの訓詁注釈だけが古文の学習なのだというような印象を取りはらい，親しみをもって取り組めるような機会を古文学習の初期に設けられればと思い，この実践を考えました。

（佐藤邦亨）

Google Earth のプロジェクト機能を使って短歌集をつくる
地球儀和歌集「アース記念日」のつくり方

用意する機器 パソコン，スマホなどの情報機器
おすすめの学年 中学１年〜高校３年
領域 〔思考力，判断力，表現力等〕　B　書くこと

授業の概要

　宇宙から青い地球を見る画像から始まり，ダイナミックに地上の任意の地点に降り立つことができる Google Earth は，臨場感あふれる映像で名所旧跡はもちろん，世界中の任意の場所を旅することができる無料のアプリです。その機能の１つに，自分で選んだ複数の場所をつなげてツアーを行うことができる「プロジェクト」があります。高校の地歴公民科の学習と親和性が高いと思われるアプリですが，これを短歌創作に活用することで，新しいアウトプットのかたち，新しいスタイルの「短歌集」をつくります。

　モチーフとなる風景写真などを用意して短歌を創作し，位置情報とともに Google フォームで投稿（送信）させます。集めた情報をもとに短歌や詞書をつくって Google Earth のプロジェクトにまとめれば，短歌集の完成です。

　修学旅行や家族旅行などで訪れたことのある思い出深い場所やもう一度行ってみたい場所，また参加したいイベントや食べてみたいご当地グルメなど，場所にひもづけることができる写真であれば何でも大丈夫です。生徒のプライベートな出来事を写真とともに共有することが難しいと思われる場合は，「行ったことがないけれど，いつか行ってみたいと思っている場所」などでもかまいません。この場合は，生徒の写真を使うのではなく，もともと付さ

れている写真やフリー素材などで代用することができますから，Google フォームに自分で撮影した写真を投稿させる必要はありません。

展開例（全3時間）

■第1時　ブレインストーミング

(1)　今までに旅行をした場所とか，幼い頃に住んでいた町とか，遊びに行ったことがある親戚の家とか，過去にどこかに出かけた記憶を思い出すように促し，その場所の名前をワークシートなどに書き出させる。

(2)　その中でも特に愛着のある場所については，その場所で体験したことや印象に残っている光景，食べた物や買った物などを，できるだけたくさんその場所の名前の近くに書き出させる。

(3)　書き出した言葉から連想されることを同様にたくさん書き出させる。

(4)　書き出した言葉を出発点にして，五七五の俳句をつくらせる。

(5)　つくった俳句は，Google フォームで投句させる。

(6)　つくった俳句に関係する場所の写真があれば，次の時間までに用意しておくように指示をしておく。

■第2時　付け合いによる短歌創作

(1)　Google スプレッドシートに書き出された五七五の俳句の右に下の句をつける列を用意しておき，七七を付けて短歌になるように付け合いをさせる（七七を付ける列を複数用意して何人かの生徒が七七を付けられるようにしておく）。

(2)　友人が付けた下の句の中で，気に入ったものがあればそれを採用して短歌を完成させる。気に入ったものがなければ，友人が付けた下の句を参考に自分で七七を考えて短歌を完成させる。

(3)　できあがった作品に，どのような体験や思いが込められているのかを詞書として書き留める。

■第3時　Google Earth でつくった短歌集の鑑賞

⑴　できあがった短歌を詞書や写真とともに Google フォームで投稿する。または，Google Earth のプロジェクトを共同編集して，できあがった作品と写真を各自で貼り付けさせる。

⑵　共同編集機能を使い，プロジェクターなどで情報を共有しながら短歌の配列などについて話し合い，Google Earth の歌集を編集させる。

⑶　短歌は「タイトル」のところに挿入し，どういう体験や場面を詠んだ短歌であるのかを説明した詞書をコメント部分に入力させる。

⑷　完成した Google Earth の短歌集を鑑賞し，みんなで感想を伝え合う。

授業づくりのポイントと留意点

　Google Earth での編集をする前に，Google フォームに投稿する形で作品を集めます。Google Earth での編集作業を教師や係の生徒がまとめて行うことで，情報機器の扱いに苦手意識をもつ生徒の負担を軽減するためです。もちろん機器の操作に慣れた生徒が多ければ，助け合いながら Google Earth を共同編集して作成させることも可能です。Google フォームに短歌を投稿する際に，モチーフとなる風景写真などを用意して，その写真の位置情報とともに短歌を投稿させます。

　Google フォームと Google スプレッドシートを組み合わせることで，オンラインでも対面でも，五七五に七七を付け合う楽しさを同じように共有することができます。写真や詞書を付けた短歌の完成品を投稿するということもできますし，七七を付けるという活動をしないで五七五の俳句集としてまとめることもできます。1人1台の環境がなくても，紙ベースで作った作品を学校の端末などから Google フォームに投稿して作品の一覧をプリントアウトしたうえで，七七を付け合い，最終的には教員（あるいは「国語係」などの生徒）が編集するという方法を取ることもできます。生徒たちの実情に合わせて，様々にアレンジしてみてください。

俳句や短歌のような短い言葉の連なりと Google Earth というダイナミックなアプリの組み合わせで，紙では実現し得なかった新しいアウトプットをつくり出すところに，この授業の眼目があります。テクノロジーを活用したアウトプットをつくり出す活動を通じて，短詩型文学の新しい楽しみ方を体験してみましょう。

学習活動のデザインを変えると，さらに広がりのある学びをつくり出す可能性も生まれます。例えば，五七五の俳句については「叙景」という制約を加え，心情語などで気持ちを表現することをせず，あくまでも写真に撮されている風景を表現させるだけに留めるように指示するというのはどうでしょうか。少し難易度は高くなりますが，「叙情」は七七にゆだねて，「五七五の叙景＋七七の叙情」で構成された短歌をつくる活動です。短歌を構造化してつくることを意識させるとともに，他の生徒の俳句に描かれた「叙景」に対して，そこに込められた気持ちを読み取り「叙情」に結びつけるという活動として展開するわけです。五七五の心情理解が必要になるので，「読むこと」にも比重を置いた学習活動にすることができます。

また，Google Earth を使わず，写真と文字を配置してインスタグラムの投稿画像のような Google スライドをつくらせてもよいでしょう。そのスライドを使って，朗詠プレゼンテーションをするという表現活動をすることもできます。スライドにナレーションを入れれば，そのまま動画ファイルにできるので，YouTube 動画としてアウトプットすることも可能です。

鑑賞して伝え合う活動を授業時間内の学習活動に限定する必要はありません。クラウド共有や Web 公開も可能なので，教室を超えて異なるクラスの作品を鑑賞したり，ほかの学年や学校と交流したりすることで，伝え合う場を大きく広げてもよいでしょう。

俳句集や短歌集を印刷製本して共有するという従来の方法を，Google Earth のプロジェクトや YouTube 動画という「かたち」に進化させる授業実践は，他の様々な表現活動に応用可能な方法です。　　　　　（野中　潤）

教育用 SNS を使って遠隔地の生徒と交流
批判的・論理的に社説を読んで、意見の発信をしよう

用意する機器　教員用および生徒用の PC またはタブレット端末
おすすめの学年　中学 1 年〜高校 3 年
領域　〔思考力，判断力，表現力等〕　C　読むこと

授業の概要と展開例（全 8 時間）

　現代社会は情報や技術をめぐる変化が著しく，今後も情報化やグローバル化は進んでいくと予想されています。これからを生きるには，溢れる情報をそのまま前提として受け取るのではなく，それらと批判的に向き合い，自分の力で新たな考えを創造する力が必要です。授業では，そうした「情報活用能力」といわれる力の育成を目指しました。

　今回は，新聞の社説を批判的に読み込みます。社説に書かれた結論や根拠を批判的に検討し，その妥当性や信頼性を丁寧に吟味しました。その際，ICT を用いて，遠隔地の生徒とのやり取りを設定することで，自分の意見に対しても，批判的な態度を取れるようにしました。

■第 1，2 時
①単元目標と計画を確認する。
②社説の見出しに対して「問い」をつくる。
　・1 つの見出しを共通の教材にし，全員に読み込ませる。
　・「問い」とは，「○○」とは何か，誰が，いつ，どこで「○○」をするのか，なぜ「○○」をする必要があるのか，など。
③社説を読解し，「問い」の答えを探す。
　・①で扱った社説を個人や班で読み解かせる。

④読解した内容をもとに，筆者の意図を推測するための「問い」を立て，その答えを考えることで，構成や展開，表現の仕方などを評価する。

　　・ここでの「問い」とは，なぜ問い〇〇には触れなかったのか，なぜ問い△△と問い□□の扱いには分量・記述の順番の違いがあるのか，など。

■第3，4時

①それぞれ異なる社説を担当し，批判的に読み解く。

　　・第1，2時で学んだ批判的な読解の手法を用いて，担当する社説を吟味させる。

②批判的に読解した内容について，クラスメイトと交流する。

■第5，6時

①教育用 SNS に登録して，個人 ID を取得する。

　　・家庭学習でも行える環境を整え，授業外でも交流を続けさせる。

②読解した内容を遠隔地の生徒と交流する。

■第7，8時

①社説についての意見文を書く。

②学びの達成度を自己評価する。

ICT 活用のメリット

　同じクラスの生徒同士は，日頃から分かり合える間柄です。同じ地域で育ち，同じ学校で学習を積み重ね，言葉がなくても「あうんの呼吸」で互いの気持ちを推し量ります。ところが，実際の社会生活ではそうはいきません。分かり合えない相手との対話は，日常茶飯事です。遠隔地の生徒との交流は，まさにそうした「日常」を設定できます。また，相手校や交流相手に対してまったく情報をもっていませんので，先入観はありません。相手の書き込みだけに集中できます。「あの子がこんなことを言っている」。そんな情緒的なバイヤスがかかることなく，論理中心のやり取りができます。同じ学校，同じクラスではこうはいきません。そうした遠隔地の学校との交流を可能にす

るのが，教育用の SNS です。

評価と振り返り

　よりよい社会を創造するには，互いに理解し合い，他者と協働することが大切です。批判的・論理的思考力を働かせ，多面的・多角的な視点で物事を見ることは，他者の異なる価値観や視点を理解することに繋がります。

　今回の単元では，社説や SNS 上の書き込みに対する「書き手はなぜそのように判断したのか」「その判断は本当に正しかったのか」などの自問自答をすることで，書かれた背景や書き手の意図を加味する読解力を涵養し，批判的思考力を育成する試みを行いました。もちろん，非難のために批判をさせたいわけではありません。感情的にならず，論理的な価値のある批判を行うためのものです。あくまで，客観的に考え，冷静に検証する目的で行いま

政府は対話を再開させよ（2018.10.2）
この社説では移転への賛否の理由が具体的に明記されておらず，何故政府が移転を賛成しているのかや県民が移転を反対しているのかが読み取れませんでした。移転をすることのメリットやデメリットに少しでも触れることで，読者の辺野古移転に対する関心につながると思いました。新聞の読者の大半は本土に住んでおり，沖縄県内での問題に関心が少ない人も多く，直接自分たちの身に関係する問題ではないので関与しづらい点もあります。だからこそ情報も十分に持たずに，多数派の意見に流されて追随する人もでてくる危機があると私は感じます。在日米軍の賛否も含め，日本全体がこの問題に目を向ける必要があります。また，いつ対話を再開させるのかについても明記がありませんでした。問題を風化させないためにも，対話再開の期間を具体的に示すべきだと思いました。

♥いいね！　4

2018年11月13日 11:49

あなたと，　　　　さんと，　　　　さんと，　　　　さんがいいね！と言っています

2018年11月14日 14:39
初めまして。　　と申します。
確かにそうだと思いました。というのも，私自身沖縄から遠い奈良に住んでおり「辺野古移転」というニュースは大きく取り上げられているのでよくみるものの深く関心を持ったり思考し討論することはなかったからです。難しい話であるので本当に自身に関係が深いと実感しない限り知ろうとしない人が多いと思いますがこのような問題は実は根の深いところで全国民に関係することであると思うので『知る』ということがとても重要だと思います。またこれからの日本を担っていく私たち１０代が積極的に学び関心を寄せることが重要になってくると思いました。私は，このような話題について「難しい」「めんどくさい」と感じ離れて過ごす多くの人が積極的に楽しんで関われるようになっていく場所を作るようなイベントができたらいいなと思っています。　さんは辺野古移転問題を含めた小難しい話題について関心をもっていない人が深い関心を寄せるためにはどのようなことを行えばよいと思いますか？
♥いいね！・1

2018年11月15日 19:49
こんばんは。　　です。ご意見ありがとうございます。　　さんのように，多くの若者がこれから日本を担っていく自覚を持ち，積極的に政治や社会の問題に関心を寄せることがとても大切だと思います。確かに，こうした話題を難しいと感じる理由には，その話題に対する知識の不足が挙げられます。　さんの「難しい話題に多くの人が積極的に楽しんで関わっていけるようなイベントができたら」というご意見ですが，素晴らしいお考えだと思います。ただ知識を増やし思考するだけではなく，楽しんで話題に関わることで他の話題についても視野を広げて目を向けることが可能になると思います。また，イベントでしたら幅広い年代の人が参加しやすく，私たち若い世代の参加も見込めると思いました。私は，日頃からニュースを観たり，新聞を読んだりするべきだと考えます。そして，身近なことと関連付けて考えることが必要だと思います。究極なことを言えば，問題に関心が持てるかどうかは個人の「知ろうとする姿勢」の程度問題ではありますが，何事もまずは情報を得て，様々な知識を蓄えることが関心への第一歩だと思います。
♥いいね！・0

す。

　新聞社が責任をもって発表する社説は，言わば大人の示す「常識」です。通常ならば，その内容や用語の難しさもあり，ただ書き手の主張（常識）を理解することに終始してしまい，共感して満足するだけです。しかし，今回は，生徒たちの多くの意見に多面的な思考や独創的な発想を発見できました。

　また，相互理解のためには，批判的な見方を他者だけでなく自己にも向ける必要もあります。オンラインでの遠隔地間のやり取りは，それらを可能にしました。今回の単元を終え，生徒たちは次のように振り返っています。遠隔地間の交流だからこそ涵養した資質・能力があったことが分かります。

・意見を投稿する際に，言い回し，文の長さ，内容などを何度も見直しました。その結果，他人に伝えるための力が身に付きました。自分以外の人の意見を聞き，考え，取り入れる力が必要だと感じました。これは社会に出て，たくさんの人と関わる際に必要な力で，ぜがひでも我を通すというのでは生きていけないと考えるからです。

・相手の意見をしっかり見て，何回も読んで「こういう意味か」と考えながらやり取りをしました。「なるほど」と終わらすだけでないので，考える力が向上しました。

・直接よりもじっくり考え発信できるので，新たなディベートの形として学習に生かせると思います。直接であれば「場の雰囲気」に流されてしまう場合がありますが，こういった形なら正しい判断がしやすいと思います。

　この授業の後には，以前から課してきた新聞記事のスクラップノートにも，批判的思考に基づいた意見が見られ，自分の言葉を丁寧に吟味し，自分の論理を検証しているという振り返りが書き込まれるようになりました。

（畝岡睦実）

TTPSは「徹底的にパクってシェア」。または「徹底的にパクって進化」。「テキトーにパクって知らんぷり」ではない。（犬）

Google ドライブを使って新聞スクラップ

スキマ時間にスクラップ&相互コメントでやる気アップ

用意する機器 iPad やスマートフォン，PC などの端末（写真が撮れるものが便利）　アプリ「Google ドライブ」「Google ドキュメント」（生徒１人に対応した Google アカウント）

おすすめの学年 中学１年～高校３年

領域 〔思考力・判断力・表現力等〕　A　話すこと・聞くこと／C　読むこと

授業の概要

　紙のスクラップブックで行っていた新聞スクラップを「Google ドキュメント」で作成し，「Google ドライブ」に保存してクラス全体で共有します。

ICT の活用法

■ STEP 1

　事前準備として，教員が「Google ドライブ」内にスクラップ用のフォルダを作成し，その中にさらに生徒人数分のフォルダを作成し，出席番号や氏名などでフォルダに名前をつけておきます。事前に確認している生徒のGoogle アカウント（Gmail アドレスまたは Gsuite の学校から配布されているアドレス）を利用して，スクラップ用のフォルダそのものを生徒に「共有」します。スクラップのフォルダをまるごと共有することで，生徒同士はお互いのフォルダ内を見ることができ，他の生徒のスクラップを読んだり，相互にコメントをつけたりすることができます。

■STEP2

　テーマ記入シートを「Google ドキュメント」で作成します。1年間のスクラップのテーマを生徒一人ひとりが設定し，テーマ設定の理由や目的を記入します。保護者の方にもこの授業の目的とご協力をお願いする文書を配付し，テーマシートの「保護者から」欄にひと言いただくといいですね。保護者の協力があると，スクラップした記事について家庭で話題になったり，家族からテーマの周辺的なトピックについての情報を提供してもらえるなど，発展的な学びも期待できます。このテーマシートも生徒はスクラップフォルダ内の自分のフォルダに保存します。

■STEP3

　新聞記事を写真に撮って「Google ドキュメント」に貼り付け，スクラップの必要事項を記録していきます。

　掲載紙名，掲載日，スクラップした日付などの基本的な事項のほかに，記事の要約をし，分からない語句について調べたことを記入して，記事に対する意見文を書きます。ICT の強みとして，「リンクをはる」ことができる点が挙げられます。同じ内容を扱った他紙の Web 記事のサイトや，内容を詳細に知るための関連サイトの URL を貼っておくこともできます。

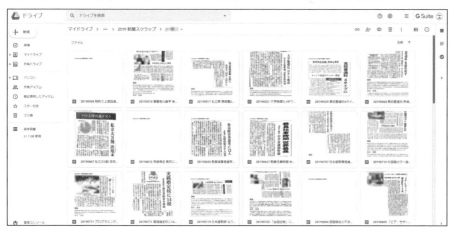

生徒のフォルダの様子

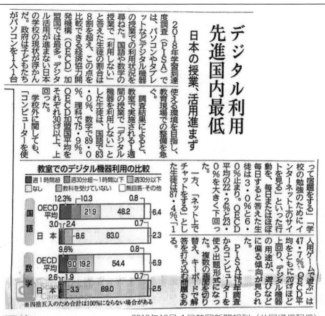

デジタル利用
先進国内最低
日本の授業、活用進まず

2018年学習到達度調査（PISA）で、国語や数学などの授業でのパソコンやタブレットなどデジタル機器の利用状況を尋ねた。調査結果によると、教室で実施される週1回の授業で「デジタル機器を利用しない」と答えた生徒の割合は8割を超え、この点を比較できる経済協力開発機構（OECD）加盟国では最多。デジタル活用が進まない日本の学校の現状が浮かんだ。政府は子どもたちがパソコンを1人1台使える環境を目指し、教育現場での整備を急ぐ。

「利用しない」と答えた生徒は、国語が83・0%、数学が89・0%、理科が75・9%。OECD加盟国平均は、国語で、学校外に関しても、「コンピューターを使って宿題をする」「学校の勉強のためにインターネット上のサイトを見る」といった行動を、毎日または毎週使う用途で使う生徒は87・4%、「1日すると答えた生徒は3・0%と6・毎日または毎週使う用途に偏る傾向が見られた。一方、「ネット上でチャットをする」とした生徒の22・2%と23・0%を大きく下回った。複数の画面を切り替え、キーボードで解答を打ち込む問題もあった。

PISAは15年調査って、校の勉強のためにインターネット上のサイトを見る用途を、毎日または毎週使う生徒は3・0%と6・均をともに20ほど上回り、デジタル機器の用途に偏る傾向が見られた。「人用ゲーム遊び」は47・7%、OECD平均の22・2%と23・0%を大きく下回った。

教室でのデジタル機器利用の比較

	週1時間超	週30分超～1時間以下	週30分以下	なし	教科を受けていない	無回答・その他
国語 OECD平均	12.3%	10.3	21.9	48.2	0.8	6.4
国語 日本	3.0	2.4	8.6	83.0	0.7	2.3
数学 OECD平均	9.6%	9.0	19.2	54.4	0.7	6.9
数学 日本	1.9	3.3	89.0	0.7		2.5

※四捨五入のため合計は100%にならない場合がある

2019年12月4日静岡新聞朝刊（共同通信配信）

要約

2018年学習到達度試験(PISA)ではデジタル機器の授業での利用状況を尋ね、日本は経済協力開発機構(OECD)内で最低だった。政府は子どもたちがパソコンを1人1台使える環境の整備を急ぐ。また、宿題など学校外の勉強でもインターネットを使う生徒はOECDの平均を大きく下回ったが、遊びなどの用途で使い生徒は多く、偏りがある。

意見・感想

授業や宿題でデジタル機器を利用するのはとても便利だし、効率がいいと思うので日本国内でもっと利用率が高まってほしいです。私たちの学校でもGoogleの機能などを実際に使ってみて伝達事項が早く伝えられたり、宿題を携帯を持っていればどこでもできるようになり、便利さを感じています。しかし、スマホを持っていない人や制限がかかってしまう人は使うのが難しい場合もあるので、全員が同じように便利に使えるとは限らないと言うことに注意が必要だと思います。なので、政府に1人1台のパソコンを用意してもらい、みんながインターネットなどを使って授業を受けられるようにしてほしいです。ただ、政府に用意してもらうのなら、現状のように用途が遊びに偏らないように私たちが注意しなければなら

■STEP4

　定期的にクラスメイトのフォルダをのぞいて，スクラップに「コメント」をつけ合います。ドキュメントのコメント機能を使っての文字の交流です。クラスメイトがどのようなスクラップをしているのかを知り，幅広く時事に触れることができ，さらに意見の交流を通して多様な価値観を認め合えるマインドを育みます。

また，学期に１～２回，自分が紹介したい記事についてプレゼンテーションする機会も設けました。

■ STEP5

年度末には１年間でスクラップした記事をもとに，テーマについてプレゼンテーションをします。様々な社会課題や事件事故・国際的な問題まで，長い時間をかけて理解し，時間とともに変化していった自身の考えも客観的に捉えて，他者に伝わるようにプレゼンテーションをします。

ICT 活用のメリット

なによりも，手軽に短時間で見た目もよいスクラップができるということです。生徒の多くはスマホを活用していました。記事の写真を撮っておけば，電車やバスを待つスキマ時間を利用してスクラップすることができます。また，フリックやタイピングによる文字入力は，手書きよりも短時間で文書作成を行うことができ，推敲も簡単です。そのため，書くことへの気持ちのハードルを一気に下げることができるのです。最近では音声入力も精度が上がってきているため，タイピングが苦手な生徒にはこちらの方法をオススメしてもいいかもしれません。

中学１年生の頃，紙の新聞スクラップから始めたクラスで調査したところ，紙のスクラップの頃と比較して，ICT 活用後はスクラップ数が平均して３倍に増加しました。最も多くの記事をスクラップした生徒は，約５ヶ月間で80本以上のスクラップを仕上げました。

そして，STEP４でも述べましたが，他者との共有・交流が簡単だという点も重要です。クラスメイト以外に，他教科の先生方にもドライブの共有をすることでそれぞれの授業で取り上げていただいたり，HR のスピーチの題材に使っていただいたりと，広く展開していくことができました。

（一木　綾）

「問い」を自分事にするための探究学習
スマホで人生初めての論文を書いてみよう

用意する機器　スマートフォン，ＰＣ
おすすめの学年　中学２年～高校３年
領域　〔思考力，判断力，表現力等〕　Ｂ　書くこと

授業の概要

　自分で選んだテーマを調べたうえで「問い」を掘り下げ，本文のみで4,000～10,000字の論文に仕上げます。今回は，高校３年生「表現研究」（学校設定科目２単位）で行った10,000字卒業論文作成の取り組みを，中学２年生「国語」4,000字研究論文作成に応用したものをご紹介します。

ICT の活用法と留意点

　教室に Wi-Fi 環境が整っていない，コンピューターのＯＳが古すぎるなど，学校ごとに抱えている学習環境は千差万別です。今ある環境で何ができるのかをひとつずつ考えながら進めましょう。まずは，現状の ICT 環境で挑戦してみる。大切なことは，いったいどんな学びを目指すのか，ということ。この授業では，①ICT スキルを高めつつ，②アカデミック・リテラシーの基礎を身につけ，③現在進行形で解決が急がれる社会問題への関心を高めることを目的としています。

展開例

■論文作成の手順

　次のような流れで論文作成を行います。下記は中学2年生の実践例です。ちなみに高校生の10,000字論文の場合は夏休みの間に初稿10,000字をいったん書き上げますが，どの学年で実施する場合でも手順の基本は一緒です。

【論文作成の流れ】（中学2年生）

6月　　テーマ探し（QFT＊）

7月　　問いを掘り下げる（探究マップ Light）

8月　　序論の執筆（Google ドキュメント）

9月　　研究テーマ内容の口頭発表

10月　アウトライン作成（探究マップ）

11月　本論の執筆（4,000字）

12月　初稿の提出

1月　　初稿の読み合わせ・最終稿提出

2月　　中学1年生に向けた口頭発表

3月　　Google Site に論文アーカイヴを作成しピアレビューを書き合う

高校生のための
卒業論文デザイン

口頭発表の様子（中2）　　　　　生徒同士の添削（高3）

＊ダン・ロスステイン，ルース・サンタナ著／吉田新一郎訳『たった一つを変えるだけ―クラスも教師も自立する「質問づくり」』(2015) 新評論

■探究マップ Light

　「問い」を立て，それを深め，「論証」として組み立てることが必要です。そこで，次のようなツール（考具）を開発しました。論証の仕組みさえわかれば，Jamboard などのツールでも応用ができます。

探究マップ Light

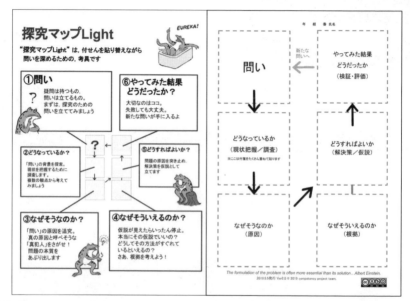

■論文アーカイヴ&ピアレビュー

　できあがった論文を Google ドキュメントで回収したら，氏名を削ってナンバリングしたものを特設サイトに並べます（右QRコード参照）。

　論文アーカイヴに Google フォームを組み合わせれば，生徒同士のピアレビューの記入に加え，自分の論文へついたレビューの閲覧ができるようになります。

研究論文アーカイヴ

●「感染症の危険と対策」へのピアレビューより

　東京オリンピックへ向けて感染症の対策を行っていたにもかかわらず，今新型コロナウイルスという新たな感染症が世界的に発生してしまった。この論文でも書いてあった通り感染症への対応に私たち日本人はあまり慣れていないため，感染が広がってしまったのではと思った。論文の内容と今の日本が重なるところも多く，自分たち自らの感染症に対しての意識を変えていくことが大切だと思った。

評価と振り返り

　執筆後，中学２年生たちはこんな振り返りを残してくれました。

・最初は４,０００字と聞いて，そんな多いのか，と思っていましたが，書いていくうちに５,０００字を超えていて，意外と書けるもんなんだな，と思いました。

・今までは問題になっていると知りながら，それを見過ごして，外側から見ている観客のような感覚だった。しかし，今回自らで調べて自身の意見をもつようになったことで，自分も当事者なのだと実感し，その責任を感じるようになった。

　論文は英語で paper。筋道立てて書かれた文章ならば，それは立派な論文です。生徒にとって，ここがゴールではありません。「また論文が書きたい！」と思えることが，生涯にわたって学び続ける人に成長するための第一歩です。

（齋藤　祐）

学校にアレがないコレがないと言っている先生は、設備を整えても何もやらない。（梅）

Chromebook や Google Classroom を用いた学び合い
広告の分析を通して批判的にみる力を身につけよう

用意する機器	Chromebook
おすすめの学年	中学3年，高校1～3年
領域	〔思考力，判断力，表現力等〕　C　読むこと

授業の概要

　本単元は，高校1年生国語総合の授業の中で，広告の分析を通して批判的なものの見方を身につけるための活動として行ったものです。単元の概要は次の通りです。

1次	第1時	教師の用意した1コマ漫画を分析する。
	第2時	教師の用意した広告ポスターを分析する。
2次	第3時	1コマ漫画や風刺画を探し，分析する。
	第4時	作り手の意図についてドキュメントを作成する。
3次	第5時	各自で分析したい広告を探す。
	第6時	自分の選んだ広告について分析する。
	第7時	分析，考察した内容をドキュメントにまとめる。
4次	第8～10時	それぞれの成果についてプレゼンテーションを行う。

　私の勤務校では，高校1年生以上は全員 Chromebook を持っています。また，授業では Google Classroom を用いて資料の共有や課題の提出を行っています。このような環境を活かしつつ，本単元では，一人ひとりの生徒が自分の興味・関心に合わせて素材を選び，自分の力で分析し，批判的に考えることができるよう，授業展開を意識しました。

ICT 活用のメリット

(1) 課題の共有と資料の提示

　1つ目の活用法として，課題の共有と資料の提示があります。本単元の前半がこれにあたります。

　まずは教師の側で，考えるための素材を提示するところから始めました。導入は海外で見つけた1コマ漫画。ユニークな漫画を見て「この漫画はどういう内容を表しているか？」というテーマで話し合います。みんなが漫画の意味するところをつかんできたら「どこからそう思う？」と問いかけ，少しずつ表現されているものを分析することに取り組んでいきます。

　次の時間には，広告ポスターの画像をいくつか Google Classroom で提示しました。「広告の分析をするためにはどのような観点があるだろうか？」と問いかけ，それぞれが思いついた観点を，Classroom のストリームにコメントの形で書き出し，共有していきます。色，人物の表情，フォント，全体の配置など，視覚表現ならではの分析の観点が生徒の側から次々と挙がり，互いに理解を深めていきました。このように視覚メディアを容易に活用できるのは ICT の大きなメリットです。

(2) 個々で探究が可能

　ただ，ここまでの活用法であれば，教師の PC やプロジェクターがあればできることです。全員がそれぞれの PC を持っている強みは，各自で別の課題に取り組むことができるところにあります。

　第2次では，各自で1コマ漫画や風刺画を探し，分析する課題に取り組みました。1時間目に行った活動の応用です。インターネットを使って検索し，素材を決めたら，前時に学習した観点をもとに分析や考察を行い，ドキュメントで提出します。

　限定された情報量のメディアで活動に慣れたところで，後半は難度を上げ，広告ポスターや CM 動画を素材に取り上げます。ただ，要領は第2次と同

じですから，生徒たちはスムーズに課題に取りかかることができていました。各自で素材となる広告ポスターや CM 動画を探し，分析・考察をしたうえで，プレゼンテーションができるように準備を行います。

　このように，各自が PC を持っていることで，自分の興味や関心をもとにした素材を選び，自分に合った探究をすることができるようになります。

本時の展開例（第5時）

　これまでの学習を踏まえて，今度は広告ポスターや CM 動画を分析してみよう，と生徒に伝えます。興味を高めるために，まずは私の好きな CM 動画をいくつか紹介しました。次に，生徒にこれまで見てきた中で印象的だった広告ポスターや CM は何かを尋ねると，いくつも出てきます。さっそく自分の Chromebook で友だちが言っていたものを調べ始めます。

　十分に意識が高まったところで，黒板に問いを書きます。「選んだテクストではどのような表現がなされているか。複数の観点をもとにして分析しなさい」「作り手はどのようなことを意図していると考えらえるか。またどこからそれが読み取れるか」。この2つの問いに答えられるような素材を探すよう，指示します。

　後の時間は，各自でユニークな広告ポスターがないか探したり，YouTube でどのような CM があるか調べたりします。立ち歩いたり相談したりするのも自由にさせているので，見つけた広告や CM 動画を友だち同士で紹介し合ったりして，楽しみながら活動している様子が見て取れました。

評価と振り返り

　この単元では，2つの成果物をもとに評価しています。

　1つは，自分の分析・考察した内容についてのプレゼンテーションです。単元の後半で生徒は，自分が選んだ素材について複数の観点をもとに分析

し，作り手の意図や受け手への影響についての考察をドキュメントにまとめていきます。第4次では，自分が選んだ広告やCMをモニターで映して紹介しながら，分析や考察の内容を発表していきました。

　2つ目の成果物は定期考査中に取り組んだ論述です。教師の準備した2枚の広告ポスターのうち，どちらか1つを選んで分析し，論述する，という課題です。これは原稿用紙に手書きで，80分かけて取り組みます。高い評価をつけた生徒は，原稿用紙5枚程度の論述を仕上げることができていました。この課題については，ルーブリックを事前に配付しておき，それをもとに評価をつけています。

　課題に取り組むためのアプローチを，形式や難易度を変えながら繰り返しできたことは，生徒にとっても学びやすかったのではないかと思います。また，最初は教師が素材を提示して興味を高めたり学習の方向性を示したりし，その後生徒が各自で，自分の興味・関心に合わせて素材を選ぶ，という順番も生徒の取り組みを促したと思います。ただ，高校1年生の課題としてはCM動画の分析はハードルが高かったようです。分析の的を絞り切れず，浅い考察に終わっていたケースが見られました。

（関　康平）

誰に何と言われようとも、世の中が進化しないと生き残れないのであれば、授業も進化を恐れちゃダメ。（朝）

電子書籍作成ツールを活用して本格的 EPUB 作成

作家になったつもりでオリジナル作品を公開しよう

用意する機器　電子黒板，プロジェクター，PC あるいはタブレット
おすすめの学年　中学 2 年〜高校 2 年
領域　〔思考力，判断力，表現力等〕　B　書くこと／C　読むこと

授業の概要

　授業や課外活動などで，小論文を書いたり報告書や文集などを作成したりすることがありますが，その際に全員分印刷することは，時間やコストの制約を受けることがあります。また，教師に提出しておしまいになってしまったり，せっかくの作品をそのまま誰にも読まれることなく，結局は破棄してしまったりするケースも少なくありません。

　この実践は，高校 2 年生の現代文で，自分が書いたオリジナルの作品を電子書籍にするというものですが，自分がつくった電子データがあれば，それを簡単に電子書籍のフォーマットにすることができ，それらを保存・公開することができます。レポートや論文をまとめるツールとしての活用も可能です。

本時の展開例

　本時は，高校 2 年生の現代文の最後の課題として行い，1 年間の学習のまとめとして，それぞれのオリジナルの作品を自由に作成させました。

　まずは，アイデアシートを参考にしながら作品の構想を練り，実際に文章化しました。文章を作成するに当たり指示したのは，最終的には，Word フ

ァイルにすること，そして本のカバーデザインの作成でした。というのも，今回の取り組みでは，単に書いた文章を電子化するのではなく，表現力を高め，既存の本の形に近づけることにより，作者の気持ちになり，情報の送り手としての自らの作品に責任をもつことも意識したからです。

　できあがった作品は，実際に公開し，お互いに作品を読み合い，感想を伝え合うことで振り返りを行いました。

　電子書籍を作成するに当たっては，ロマンサー＊というサービスを使いました。Web 上で自由に電子書籍を作成できるサービスですが，ロマンサークラスルームという学校向けのサービスを活用すると，クラスやグループごとの管理を行うことができ，教員による添削や仲間同士のコメント共有，学

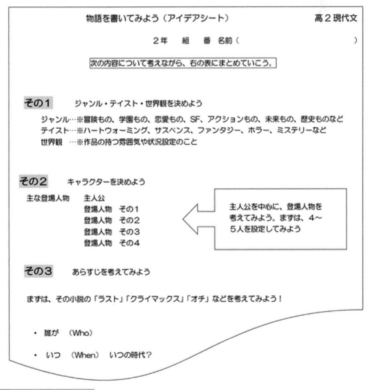

＊ロマンサー（Romancer）　https://romancer.voyager.co.jp/

校限定公開などを行うことができます。

ICT 活用方法

　ロマンサーは，文章を電子書籍のフォーマットである EPUB に変換することができるサービスです。例えば，Apple が提供する Pages では EPUB 形式で保存し，Apple Books で読むことが可能ですが，このロマンサーを使うことで，Word で書いた文章なども EPUB に変更することが可能になり，表紙をデザインしたり文字の大きさを変えたりすることができるとともに，電子書籍を読めるリーダーがあれば，端末を選ばず読むことができます。また，レイアウトが崩れてしまうことが心配な場合は，PDF にして EPUB に変換することも可能です。ただしこの場合は，レイアウトが固定されるので文字サイズなどを変更したり，読み上げ機能を使ったりすることができなくなります。

　ロマンサーのサービス内でも，つくった作品を公開することは可能ですが，不特定多数に公開されてしまうので注意が必要です。右のように，個人の端末に個人で作成した EPUB をダウンロードしたり，提出先などを決めてお互いに読み合ったりする方法をおすすめします。

　本校では電子図書館を導入しているので，そこにアップロードを行い，公開しました。自分の作品が具体的な形をとって公開されることは，生徒にとっての達成感につながります。発想，推敲，交流といった，学びのプロセスの可視化はもちろん，作品を保存するツールとしても有効です。

評価と振り返り

　実際の授業では，クラスごとの提出状況を見極め，評価などを行いたかったため，ロマンサークラスルームを活用しました。このサービスを使うと，クラスごとの管理や提出状況の把握，公開範囲の設定，特定の友人に対する公開や，制作途中の教員による指導も可能になります。

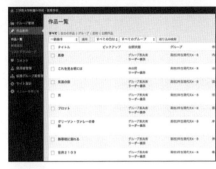

　また，実際に公開した作品は，ビュー数が表示されたり，コメントをつけることが可能になります。作家ページの作成や個人作品の管理も可能になり，実際の出版に近づけた形の取り組みも可能です。作品のできによって

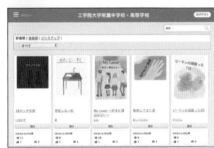

は，電子書籍として出版することも視野に入れることができます。

雑誌づくりや文集づくりに活用

　つくったデータや手書きの作品などを PDF にし，ロマンサーを使って電子書籍にすることも可能です。以下は，ロイロノートでデータを編集し，校外学習のアウトプットとしてグループで雑誌をつくった例です。

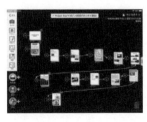

（有山裕美子）

ロイロノートで作品の読みを広げる

『徒然草』—法師はどのように参拝したのか、疑問をもつことから始めよう

用意する機器 iPad（生徒１人１台），プロジェクター，スクリーン

おすすめの学年 高校１年

領域 〔思考力，判断力，表現力等〕 A 話すこと・聞くこと／C 読むこと

授業の概要

　古典の導入作品である『徒然草』第52段「仁和寺にある法師」を使い，作品の読みを広げていく実践です。生徒は本格的に高校から古典作品に触れます。しかし，授業では口語訳と文法事項の確認だけで，登場人物の言動や人物像や人間の織りなすドラマの読み取りをおろそかにしてしまいがちです。文学作品はそのドラマの読み取りに面白さがあります。この実践はまず，iPad のアプリ「ロイロノート」（以下ロイロ）を使い，生徒全員がリアルタイムで意見を交換し，意見を共有します。次に口語訳と文法事項の確認はもちろんのこと，文中の言葉や表現に注意し，みんなで疑問点を挙げ，調べ，話し合うことを中心に生徒の主体的で対話的で深い学びを養う実践です。

展開例（全４時間）

■第１時 話の概略をつかんだうえで，口語訳をし，疑問点を出し合う

　本文を３段落（１段「仁和寺に～詣でけり」，２段「極楽寺～おはしけれ」，３段「そも参り～あらまほしきことなり」）に分け，口語訳をします。次に，ア）口語訳から考えを発散させる，イ）発散させた考えを分類する，ウ）分類した考えからさらに思考を深め，疑問点を出し合う（次ページ左図），ま

でをシンキングツールのウェビングツールやXチャートで分類し，フィッシュボーンやPMI（右図）にまとめていきます。3段落とも同様にまとめていきます。

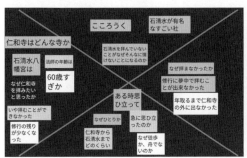
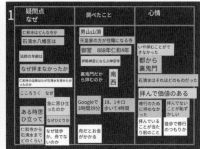

■第2，3時　調べ学習により疑問点を1つずつ解決していく

　第2時ではエキスパート班で調べた事柄を，第3時では新たなジグソー班で話し合ったことを互いにプレゼンテーションしていきます。iPadを利用し，調べる際いかに「キーワード」を考えるかがポイントになります。一語だけでなく，同時に複数の検索キーワードを入力すること（「石清水八幡宮附属の寺社」「仁和寺の法師　地位　老僧」「仁和寺の僧　人数」）やダブルクォーテーション「" "」（完全一致）の方法，目的地への経路を調べる方法を指導します。出典名やホームページの氏名が記載されている記事であることを必須条件にし，調べた事項の信憑性の高いもの，低いものに分けて，全員で検討します。

■第4時　まとめ「あなたが法師と同じ立場に置かれたら」

　ロイロで出し合った事柄を一覧表にしていきます。その際，「あなたが法師と同じ立場に置かれたら，仁和寺から石清水八幡宮に参拝するときに何を考えて，どのように行動しただろう

か」を考え，そのときの心情を出し合います。

実際の授業の内容・第2，3時（一部例　1段落，3段落）

■1段落

　1班「なぜ石清水八幡宮を拝んでいないのがそんなに情けないのか」2班「仁和寺は天皇家の方が住職になる寺で，由緒ある寺の老僧です。そういう老僧が由緒ある石清水八幡宮を拝んでいないのは情けないと思ったのではないですか」4班「なぜ徒歩で行ったのですか」1班「法師の性格によるものか，船，馬や牛車などを使わなかったのか，他に移動手段はなかったのでしょうか」5班「修行僧だから，金銭のかからなかった方法の徒歩で行ったと思います」2班「修行かなあ。老僧になり，四国八十八カ所巡礼のような感じだと思います」3班「仁和寺から石清水八幡宮まではどのくらいかかりますか」1班「仁和寺から石清水まで徒歩で往復8時間ほどかかります。グーグルマップで調べたら片道3時間39分と出てます。国道17号経由19.1キロです。昔でいえば5里，そのくらい歩くのは普通なのかもしれないです」3班「どんな気持ちだったのでしょうか」1班「長年の望みを叶えるためにお経を唱えながら歩いたのではないでしょうか」

■3段落

　3班「極樂寺・高良神社を拝んで石清水八幡宮を拝んだと思い込んだ。どうしてですか」2班「かたへの人が出てきますが，かたへの人に聞けばよかったのではないでしょうか」5班「『年ごろ～見ず』の会話は仲間に道中で逢ったわけでなく，仲間に向かってという意味でないですか。逢うという漢字を使っていますが，向かうという意味だろうか」1班「老僧が仁和寺に戻ってから仲間に向かって石清水に拝みに行ったぞ，って話したのではないかなあ」2班「経験過去『き』を3カ所使ってます」2班「それは仁和寺に戻ってからの方が可能性が高いのではないでしょうか」3班「石清水八幡宮参詣が長年の望みなら，法師自身が石清水のことを調べるチャンスはあったの

116

でないでしょうか」１班「何で調べないのですか」２班「よほどの思い込みの激しい人なのでしょうか」３班「仲間に向かって，自慢話しているときに，仲間から『その拝んだところは石清水ではない』と教えてもらった気がします」４班「先達は案内者か指導者か，どちらでしょうか」３班「案内者の意味なら，老法師は聞かないでしょう。指導者という強いイメージの人か，自分より年をとっているような人でないと老法師は耳をかさなかったと思います」

評価と振り返り

○ICT 機器を用いる探究実践授業は今までの作品を読み，口語訳と文法にこだわった授業から「作品では読み取れない距離，高さ，重さ，明るさ，暗さなど」の読み取りの深さを可能にします。

○ただ「老僧はどんな気持ちでしたか」という問いかけではなく，法師の目的，意図，願望，境遇を理解し，「法師の立場に立ったら，あなたはどのようにしましたか」という問いかけによって，法師への共感を深めていきます。

○正解のない問題は，討論の深まりを可能にします。

　生徒の感想に「口語訳からでは理解できない内容が分かった」，「法師のことを調べることによって，法師の境遇が理解でき，自分が法師だったらどうするかを考えると楽しかった」「疑問を調べ，みんなで討論して，１人で考えるより深まった」とあります。この実践は，生徒が ICT 機器を用いて，調査したことをもとに討論することで作品を深く読み取ることができる実践です。このように ICT 機器を活用することで，これからの古典学習に一層の広がりが生まれるでしょう。

〈参考文献〉中野貴文「ICT を活用した古典の授業づくりについて『徒然草』『仁和寺にある法師』」教職・学芸員課程研究　(1)　36-44，2018. 02. 14

（田山地範幸）

「書くこと」を減らさない Chromebook の使い方
Chromebook に直接書き込んだノートを Classroom で提出しよう

用意する機器 Chromebook（生徒用），プロジェクター

おすすめの学年 高校 1 年

領域 〔思考力，判断力，表現力等〕　A　話すこと・聞くこと／B　書くこと

授業の概要

　2015年より，前任校であるシンガポール日本人学校中学部で Chromebook を導入しましたが，国語の授業の中でどのように使用していくのかが課題でした。「書くこと」「漢字の読み書き」を重要視する国語という教科にとってどういった取り入れ方が適切でしょうか。また，Chromebook は横書き機能しかなく，縦書きが基本である国語の授業で通常使いをするには「Chromebook は不向きである」といった意見が国語科教員の中にはあったのも事実です。したがって，国語授業の中での使用は，「現代文において段落の要約をドキュメントに打たせてシェアする」「本のポップをスライド作成させて Google Classroom で提出させる」「故事成語を班ごとに割り当ててスライドを作成させる」といったイレギュラーな使用であったと言えます。それでも，生徒の要約文書をリアルタイムでシェアできる点や，保存が簡単な点，ポップ作成・故事成語紹介をスライド作成し，プロジェクターで投影発表できたことなど，アクティブな学びは実践できたと言えるでしょう。

　2019年度，現任校である就実高等学校で導入した Chromebook は電子ペンが付いており，Kami という拡張機能の使用により，Chromebook を使用する際の「書くことができない」「横書き」という壁がなくなったのです。

よって，2019年度の高１の現代文では，毎授業において紙のノートに代わり，Chromebook に直接書き込む形式としました。古文においては紙のノートを使用し，本文プリントも紙で配付しましたが，古文の品詞分解と現代語訳を班ごとに行わせて Chromebook に共同で書き込ませる形とし，それをプロジェクター投影することで板書代わりとしてみました。

展開例１：現代文

■事前準備

・生徒の机上には教科書と Chromebook

・教員は生徒に配付するノートのもととなるプリントを PDF にします。私の場合は，本文を右半分に貼り付け，左半分をフリーノートとして書き込めるようにしたものを作成しました。

■授業の手順

①Google Classroom に，作成した PDF を投稿します。その際「課題」を選択し，「各生徒にコピーを配付」で貼り付けます。これにより，生徒一人ひとりへの個別配付となります。

②各生徒は配信された PDF を Kami アプリで開き，電子ペンで画面上のプリントに直接書き込みます。（写真１）

③提出時，生徒は Classroom 内で教員に送信提出します。提出時間も分かりますが，提出物が自動で出席番号順となります。（写真２）

写真1

写真2

ICT 活用のメリット

電子ペンの書き心地は好評で，200名余りの生徒から苦情が出ることはありませんでした。メリットとして電子ペンの色も自由に変えられるため，色分けがしやすく統一させやすいという点も挙げられます。また，誰がいつ提出したのか一目瞭然であり，教員側のノート点検の労力が減ります。中でも一番の利点は，教員側は全員のノートを提出前であってもいつでも見ることができるので，的確な個別指導ができるという点です。

展開例２：古文

■事前準備

・生徒は教科書と古典文法書，ノート，Chromebook
・教員は本文プリントを紙媒体で配付します。
・４人１組のグループ活動とするため，本文に数字を割り振っておきます。

■授業の手順

①Google Classroom に，紙配付と同じ本文 PDF を投稿します。その際「課題」を選択し，「生徒はファイルを編集可能」で貼り付けます。これにより，クラス内（教員＋生徒）全員でリアルタイムに共同書き込みが可能となります。

②生徒は４人１組のグループになっており，例えば，１班は①の古文を手分けして品詞分解と現代語訳まで行います。具体的には品詞や古語単語の意味を調べて，Chromebook 上の本文 PDF に書き込みます。（写真３）

③この様子は全員でシェアしているため，手元の Chromebook で見えていますが，プロジェクター投影もしておきます。（写真４）

④全班の書き込みが終わったら，１班から文法のポイント解説と現代語訳を発表していきます。教員は修正があれば書き込み，追加指導をします。

⑤ここまでの板書を生徒は紙のノートに書き込みます。

写真3   写真4

ICT 活用のメリット

　現代文の授業においてもですが，古文の授業においても，日々の普段の授業で「書くこと」を減らさずに Chromebook を使えたことは大きいと思います。古文の授業では紙のノートは従来通り使用していますが，PDF 本文プリントにクラス全員が同時に書き込みができるので，自然と「協働学習」になっています。また，板書がそのまま Chromebook の Classroom 内に残るので，生徒は復習がしやすく，教員も前時の振り返りをさせる際に Chromebook を開かせると確認ができます。そして，この Kami アプリの特徴として，共同書き込みをしても，誰がどこを書いたのか名前が出て解るのがよい点です。そして，書いたものを消すのは書いた本人だけしかできない，というのも便利です。何よりも，Chromebook を導入したおかげで，これまでの古典の授業（教員側からの一方的な板書）スタイルから，生徒自らが調べて考えて学び合う，という「主体的・対話的で深い学び」に近づけた点も大きなメリットだったと思います。

　また，コロナ渦の休校期間におけるオンライン授業においても，上記の方法は大変有効であったことを付け加えておきます。　　　　　　　　（光嶋美香）

Google スライドを活用して「羅生門」を協働して読む
ゼロからでも BYOD で ICT を使った授業を始めよう

用意する機器 個人のスマートフォンなどの情報端末
おすすめの学年 高校1年
領域 〔思考力, 判断力, 表現力等〕 C 読むこと

授業の概要

　「学校の授業でも ICT を活用してみたい!」というときに, まず立ちはだかるのが「環境が整っていない」ということです。臨時休業を経験したこともあり, 今後, 環境面はかなり整備されると思われますが, それまで ICT を活用した授業ができないという訳ではありませんし,「今ある環境でできることをやる」ということの重要性が高まっているのは間違いありません。高校生の大半が自分のスマートフォンを所有しているため, BYOD で Google のサービスを利用すれば, ICT を活用した授業を行うことが可能です。

　本単元では, 生徒の ICT 機器を活用して芥川龍之介の「羅生門」をグループで協働して読み深めます。さらに, 自分たちなりの「羅生門」の面白さについて考えを説明できるようになることを目指します。

ICT の活用法

　本単元では, 1つのファイルを複数人で編集できる Google スライド（Microsoft 社の PowerPoint と同じようなプレゼンテーション編集のアプリ）の共同編集機能を利用します。クラス全員の話し合いを集約するため

に，共同編集用の Google スライドのファイルをクラスに 1 つ生徒に示し，グループでの話し合いの内容を割り当てられたスライドに書き込んでもらいます。

　Google スライドの共同編集機能を利用してスライドへ意見を書き込んでいくと，リアルタイムに書き込んだ内容が反映されます。書き込んだ内容が見えるのはもちろん，実際に文を書いたり消したりという過程も見えるため，意見のみならず，「どうやって考えているか」ということもお互いに見ることができます。これは教室内で対話をしながら活動をするときはもちろん，実際に対面しない状況でも，お互いの考え方を受け止め合いながら，自分たちで意見を深めていくときに効果を発揮します。

ICT 活用の留意点

　本単元は，Google のアカウントを取得することが必須であるため，G Suite for Education などの利用を学校と相談する必要があります。

　なお，教室内に生徒が利用可能なインターネット環境がない場合，通信料を生徒に負担をさせることになります。そのため，本単元では「グループで役割分担して Google スライドを利用する」「使いたいときに使えばよい」として，無理に全員を共同編集に参加させません。また，「なぜ授業で使いたいか」「使うことでどのようなメリットがあるか」ということを生徒へ説明したうえで，重いデータ（画像など）を扱わないなどの配慮が必要になります。

展開例（全 6 時間）

■第 1 時

　「学習の手引き」を配付し，生徒に単元の目標や小説を読むときのポイントを伝えます。その後，単元の目標や小説を読むときのポイントを意識させ

ながら本文を通読してもらい，以下の課題の回答を考えてもらいます。

　○「羅生門」を読んで気になったことを質問の形でたくさん書き出そう。

　○「羅生門」の主題を「○○が○○する物語」か「○○が○○になる物語」
　　のどちらかの形でまとめてみよう。

　なお，この「○○が○○する物語」「○○が○○になる物語」という形は，
石原千秋氏の考え（『小説入門のための高校入試国語』日本放送出版協会，
2002）を参考にしています。また，「質問づくり」については吉田新一郎氏
訳の『たった一つを変えるだけ：クラスも教師も自立する「質問づくり」』
（新評論，2015）で紹介されている QFT と呼ばれる技法が参考になります。

■第2～4時

　第1時で考えてもらった「質
問」の一覧と「主題のまとめ」の
一覧を生徒に配付します。各グル
ープに分かれ，「質問」の一覧か
ら気になる「質問」に対する答え
や「主題のまとめ」について話し
合っていくことで，「羅生門」の
内容を読み深めていきます。

　グループで話し合った内容は，グループごとに割り当てたスライドに書き
込んでもらいます。スライドへ書き込む際には，自分たちの話し合っている
「質問」や「主題のまとめ」を見出しとして書いてもらい，他の班の生徒が
読んでも内容が分かるようにしてもらいます。

■第5時

　前時までの内容を踏まえて「『羅生門』の面白さは何か」ということを最
終課題として問いかけます。この問いに答えるために，本時では他の班がス
ライドに書き込んだ内容を読み，自分たちが話し合わなかった内容について
も確認を促します。こうして「羅生門」について様々な角度からの意見に触
れ，魅力を考えることで，より物語を深く理解することを目指します。

■第6時

話し合いの成果を踏まえて，以下の課題を個人で考えてもらいます。

○話し合いを踏まえて，もう一度「羅生門」の主題を「○○がする物語」

　か「○○が○○になる物語」のどちらかにまとめてみよう。

○自分がなぜそのように主題をまとめたのか理由を説明しよう。

○「羅生門」の面白さとは何だろうか。

これらの課題については，生徒から集めた回答を加工してフィードバックしやすくするためには，Google フォームの利用をおすすめします。

評価と振り返り

話し合いの過程が Google スライドに表現されるため，教員は生徒の興味・関心や話し合いの様子を授業内で見取り，適宜，生徒へフィードバックすることができます。また，生徒自身も課題について考える際には，何度も Google スライドの内容を読み直し，自分たちの話し合いを振り返れます。

また，最終課題を Google フォームで回収すると，教員が少し加工すれば生徒に簡単に共有することができます。これを利用すると，自分たちが学んだことを次の単元のはじめに振り返ってもらうことができ，単元同士が系統的につながっていきます。

（笠原　諭）

授業時間外の思考が続いていくしかけづくり

Google Classroom でクラスメイトの意見にコメントしてみよう

用意する機器 プロジェクター，タブレット端末，スマートフォン
おすすめの学年 高校１年
領域 〔思考力，判断力，表現力等〕 C 読むこと

授業の概要

校内で BYOD ができない環境はありがちです。校内でのスマホ使用禁止のルールがあったり，山間部の学校だとネットワークがつながりにくいといった制約があったりする場合も見受けられます。ですが，そこで諦めるのはもったいないことです。家庭でできることと学校でできることを分けてみれば，制約を上手く乗り越えていくことが可能です。学校内ではアナログで進めつつ，学校外ではデジタルの学びを進めることを並行させることも ICT 導入の第一歩です。

本単元では，高階秀爾「『美しさ』の発見」を題材に，問題提起から筆者の主張が展開される構成をつかみつつ，筆者の主張に対する自分の考えを深めます。そのために，授業時間外で Google Classroom 上のコメント機能で，クラスメイトの意見にコメントを付け合うことがポイントです。

展開例（全6時間）

■第1～5時 通読，各段落の問題提起に対する答えを読み取る

※第5時と第6時の間に，1週間程度で Classroom 内でのやりとりが行われる。

■第６時 Classroom 上のコメントを取り上げ，教室で意見交換する

　第５時間目では，最終意味段落を読み終え，本文全体を通して分かる筆者の主な２つの主張をまとめます。なお，その主張については，(1)「『美しさ』は花や山などの対象そのものに内在する性質・価値である」と(2)「『美しさ』は対象に内在する性質ではなく，人間の心の中に生まれるものである」という，２つの考え方を述べてくれることを期待します。そして授業後，本時の理解を確認する復習課題を Classroom で配信します。また，復習課題と合わせて，生徒自身にどちらの考えに賛同するか理由も含めて述べることも指示します。

　生徒の回答の中によく考えられた意見があれば，ピックアップして次の課題にしてみます。匿名でシェアすることを生徒に許可を取ってから，以下のように課題をつくります。

【課題】先週の課題の中で，キラリと光る解答があったので，みんなで読んでコメントをつけてあげよう。

　以下の意見を読んで，感じたこと，疑問に思ったこと，何でもよいので，この課題の「クラスのコメント」に記入し，完了マークを押しましょう。

> 「私は後者（前述の(2)に相当する考え方）に賛成です。理由はまず美しいという概念は，生物があってこそ存在できるものだと思うからです。生物がいなければ美しいと感じることすらできず，そこに美しさなど存在しないことになるからです。さらに前者の説は，生物が発見する前から美しさは内在していると言っています。だとしたら美しいと定義したのは誰なのかという疑問が生まれます。つまり，発見して美しいと感じたとしてもそれは現在から美しさが生まれたことになり，過去美しかったかどうかを議論してもそれは結局『過去の対象を今美しいと言っている』ので内在しているとは言えないのです。」

個人作業では思うように書けない生徒も,「キラリと光る生徒のコメント」をヒントにして文章を作成できます。**自力で自分の考えを述べられなくても,友だちの意見にコメントするというのは,書くことが苦手な生徒のハードルを下げることになります**(面白いのは,最初に投稿する生徒の文章の質と量が,そのクラスのコメントを牽引するかもしれないところです)。

また,授業中に記述が進まない生徒も,一定の文章量でコメントしてくる点にも注目すべきです。**学力差がある中で,思考の深さやスピードに差があるのは当然で,だからこそ ICT 環境を使って,生徒の思考を拾ってあげる必要があります。**

さらに,あえて問いの焦点を絞らずにしておくことにも意味があります。何人かの生徒が単なる感想コメントから脱却し,自分なりの答える枠組みをつくりコメントを投稿する。それに追随して他の生徒も頑張ろうとする。そういう自然発生的な問いの焦点化を期待してもよいかもしれません。

評価と振り返り

まずは,最後の意味段落で述べられている筆者の2つの主張を理解しているか,1回目の Google Classroom の記入から見取ります。

生徒の意見については,授業時間内で全体にシェアします。教員のデバイスを使い,Google Classroom の画面をプロジェクターで全体に提示しながらシェアします。いくつか気になったコメントを取り上げつつ,2〜3人のグループで意見交換してもらいます。オンラインで終わらせないで,授業内でコメントに触れることで,Classroom で課題を出そうとしない生徒に興味をもってもらうことも大切です(課題提出を強制せずとも,オンライン

でのやりとりをことあるごとに取り上げることで，自然とオンラインチャットへ誘うことをしかけることも可能です）。

ICT 活用のメリット

学校の授業は活動を一定の時間に区切って進めがちですが，多様な生徒が在籍するクラスでは，一律に区切られた進行が馴染まない場合があります。こんなときに Classroom のコメント機能を使うことで，自分の好きな時間に自分のペースで書き込んでいくことができ，安心して自分の意見を書くことができます。「もっと時間があれば，自分なりの良い意見が出せたのに」と，もどかしく思う生徒がいればこそ，ICT は価値を発揮し出します。

留意点

Classroom の「課題」に「クラスのコメント」が増えてくると，よい意見が埋もれてしまう恐れがあります。すると，埋もれた意見をいつ，どのように取り上げるかがカギとなってきます。一方，Classroom には，教師の問いに対して答える「質問」機能もあります。「クラスのコメント」よりはクラスメイトのコメントが整理され見やすくなります。ただし，自分が回答しない限り他の生徒の回答を閲覧することができないという特徴があります。事前に他のクラスメイトの回答を参考にしてからコメントしたい生徒は，使いづらく感じるでしょう。このように，生徒のコメントを共有する方法は多種多様で，一長一短があります。教師は，授業のねらいや学習内容に応じて，情報公開設定のタイミングと範囲を決める必要があります。Classroom に限らず，様々な機能を試してみて，その場その場に合ったものを探していくとよいでしょう。

（森　公崇）

LINE の「ノート」と「リプライ」で学びのコミュニティづくり
「見方・考え方」を働かせた学び合い

用意する機器　指導者用・学習者用スマートフォン

おすすめの学年　高校2年

領域　〔知識及び技能〕（1）　言葉の特徴や使い方に関する事項

〔思考力，判断力，表現力等〕　B　読むこと（「文学国語」の場合）

授業の概要

　教材は三好達治の「雪」です。学習者が自分のスマートフォンで学習活動をします。アプリは LINE を使います。指導者が LINE のノートに「雪」をより深く読むための「見方・考え方」を3つ添付します。その「見方・考え方」を働かせて，学習者は「雪」の読みを創造します。その読みを教室で学び合います。学習者は学び合いから新たな問いを見出します。LINE を使い，その全員の新たな問いを学習者が互いに受け止め合います。

ICT 活用のメリット

(1)　見方・考え方を自分のペースで習得するために

　文科省（2016）が指摘するように，高等学校では主体的な言語活動が軽視され，講義調の伝達型授業に偏る傾向がありました[1]。できることなら，そのような授業は避けたいものです。しかし，主体的な言語活動といっても，どうすればいいのでしょう。学習者に自由に話をさせればいいのでしょうか。そんなことをすれば教材の重要なところが読み飛ばされた恣意的な読みが横行するかもしれません。とはいえ指導者の敷いたレールを進ませる「線路

130

型」や学習者に好き勝手をさせる「放牧型」がダメだとすれば，今求められているのは，学習者に進むべき方向は示しながら，それでも学習者の読みにある程度の幅をもたせる「ガードレール型」の学びかもしれません[2]。

　筆者の授業ではこのガードレールとして，教材に対する「見方・考え方」を学習者にいくつか提示します。例えば「対比して考える」や「登場人物の口調や表情から考える」といった汎用性のある「見方・考え方」です。この「見方・考え方」は，これまでスキル，認識の方法，読み方，方略などと呼ばれてきたものです。つまり教材をより深く読む方法です。学習者はその「見方・考え方」を働かせることで，恣意的ではなく，かつ，ある程度の幅がある読みを創造できるようです。とはいえ，これらの「見方・考え方」は教室で一度教えても，すぐには習得できない学習者もいます。しかし，指導者が特定の学習者に何度も同じことを教えるには，限界があります。

　そこで筆者は，この「見方・考え方」を解説する動画をつくることにしました。短い文章を例に使った動画です。動画は様々な教材に沿って選ぶことができるように，全部で50本近く用意しました。この動画を学習者がいつでも何度でも視聴できれば，どの学習者も自分のペースで「見方・考え方」を習得することができ，それを働かせることができるでしょう。

　これを可能にするのが学習者のスマートフォンと LINE です。

　LINE にはノートという機能があります。そのノートに載せたものは，他のトークのように流れ去らず，常に参照できます。指導者が講座の学習者と LINE のグループをつくり，そのグループのノートに「見方・考え方」の動画のリンクを載せます。学習者はそのリンクから YouTube に進み，自分のペースに合わせ，自宅などで筆者がつくった解説動画を視聴します。そして，学習者は動画が解説する「見方・考え方」をガードレールにしながら，教材に対する読みを深めます。スマートフォンと LINE があれば，そんなふうに，学習者の都合に合わせた「見方・考え方」の習得が可能です。

(2) 学習者全員の問いを受け止めるために

　筆者の授業では学習者が自宅などで深めた読みを持ち寄り，全体で，あるいはグループで学び合いをします。学習者がそれぞれ読みを検討し合うと，学習者は教材に対し，さらに深い読みを創造します。同時に学習者はその深い読みでもなお，解決できないそれぞれの問いを見出します[3]。

　学習者それぞれの問いは，学習者にとって指導者が考える発問よりも重要です。できれば学習者全員の問いを受け止めたいものです。しかし，１クラス例えば40人全員の問いを指導者が受け止め，授業で扱うことは現実的ではありません。

　そこで筆者は，学習者全員の問いを学習者相互が受け止め合い，考え合うようにしました。学習者全員の問いは大変な数になりますが，学習者全員が手分けしてそれを受け止め，考えれば，授業で扱うことができます。

　これを可能にするのが LINE のリプライ機能です。リプライは相手を選んで返信をする機能です。まず学習者が講座の LINE グループに自分の問いをそれぞれ投稿します。40人なら40の問いが LINE に並びます。次にそれぞれの学習者は，他の学習者の問いを読み，自分が答えられそうな，考えられそうな問いを探します。自分が答えられそうな問いを見つけたら，その問いをクリックしてリプライを選び，その問いを出した学習者に返信をします。何人に返信しても構いません。こうして，多数の問いが同じく多数の学習者によって解決されていきます。このやりとりはスムーズです。なぜならば，高校生は部活の予定確認や持ち物確認などで LINE を使い，数十人のグループで普段から相互の問いに答え合っているからです。

授業の展開（全１時間）

■学習者の予習

　教材は三好達治の「雪」です。指導者が LINE のノートに動画を載せます。「見方・考え方」を解説する動画です。教材に合わせ，今回学習者に提示す

る「見方・考え方」は「絵にする」「どんな人物？」「どんな時代・場所？」にします。「絵にする」は教材が提示する情景を学習者が絵に描いて読みを深める「見方・考え方」です。「どんな人物？」は教材に登場する人物のイメージを学習者が検討する「見方・考え方」です。「どんな時代・場所？」では学習者が教材の提示する舞台を検討します。学習者は自宅などで LINE からこの動画を視聴し，３つの「見方・考え方」を働かせて創造した読みをノートに書きます。

■１時間目

　授業では教室全体でディスカッションを行います。主発問は「太郎と二郎は兄弟か否か」です。全体ディスカッションの後，学習者は解決できないそれぞれの問いを LINE に投稿します。学習者相互がその問いに答え合い，残った問いを指導者が教室全体で取り上げ，解決を図ります。

評価

　〔知識・技能〕太郎・二郎の抽象性について理解を深めようとしている。
　〔思考・判断・表現〕「読むこと」において，詩の解釈が多様である理由を説明している。

（犬飼龍馬）

---

(1) 文科省中央教育審議会初等中等教育分科会教育課程部会（2016）「次期学習指導要領等に向けたこれまでの審議のまとめ（第2部）（国語、社会、地理歴史、公民）」p.112

(2) 三田地真美『ファシリテーター行動指南書―意味ある場づくりのために』（2013）ナカニシヤ、pp.7-8

(3) 文科省（2017）は「深い学び」の例に「自ら問いを見いだ」すことを挙げています。「平成29年度小・中学校新教育課程説明会（中央説明会）における文科省説明資料」https://www.mext.go.jp/a_menu/shotou/new-cs/__icsFiles/afieldfile/2017/09/28/1396716_1.pdf（2020年3月23日確認）p.22

タブレット端末を活用したレポート作成
既習の和歌知識を活用し古文の世界を実感しよう

用意する機器 タブレット端末（スマートフォンでも可）
おすすめの学年 高校1〜3年
領域 〔知識及び技能〕〔思考力，判断力，表現力等〕 B 書くこと

授業の概要

　和歌は，古文世界で重要な役割を果たしていたと考えられます。授業で和歌を取り扱う際に，その構造や句切れ・枕詞・掛詞・序詞・縁語・折り句（沓冠）・本歌取りなどの表現技法を学ぶことと思います。また，詞書・歌合・歌枕といった用語に触れる機会もあることでしょう。実際にその技法や用語に即してレポートを作成するという活動を通じ，既習事項の確認に加え，古文の世界をより深く実感することが，この活動の目標です。

「歌枕」訪問レポート（高校1年冬休み）の指導例

①冬休みまでに，授業で和歌の構造や句切れ・枕詞・掛詞などの表現技法，詞書や歌枕といった用語を学習する。
②冬休みに百人一首に詠まれた場所を訪問し，写真を撮る（自分も写る）。
③iPadのPagesを用いて，写真のほか，解釈や技法，地図など，作成例に倣って各項目を記入し，作成する（詳細は作成例参照）。
④画像サイズを適宜調整し，Pages1枚で仕上げ，提出する。

＊提出にはiTunesUやロイロノートを利用（以下同じ）。

⑤3学期に提出されたレポートをクラスでクラウド共有し，相互に鑑賞する。

ICT 活用のメリット

　百人一首所収歌を検索して歌を選ぶことに始まり，選択した歌に関する調査（解釈・技法・歌枕の有無・歌が詠まれた背景など）や訪問場所に関する調査（交通手段・経路など）に大いに活用できます。また，写真や地図をレポートに取り込むことや提出された1クラス分のレポートをまとめ，共有するのにも便利です。

「沓冠」作成レポート（高校2年冬休み）の指導例

①冬休みまでに，和歌の構造を復習し，折り句（沓冠）について学習する。
②10文字を決める。例：冬の鍋 美味しいな

　（季節感を重視，冬休み・年末年始らしく）

③五七五七七の形にする。
・自分の頭と辞書を使う。
　（辞書アプリの語頭指定・語尾指定は便利）
・現代語でも古語でも OK。
・濁音，半濁音，拗音，促音の扱い→「ば」＝「は」のように取り扱ってよい。また「ん」は「む」としてもよい。
・「五七五七七」に則ること（多少の「字余り」「字足らず」は許容する）。
・10文字の並べ順は，「よねはなし ぜにすこし」（『続草庵集巻第四』），あるいは「言ひし日を たがふなや」（『藤原隆信朝臣集』上），「合はせたきものすこし」（『十訓抄』「思慮を専らにすべき事」七ノ八）のいずれかによるものとする。
④iPad の Pages を用いて，「歌」「五行書き」「メッセージ」を作成例に倣って記入し，作成する。また，できあがった「歌」の内容を示すイメージ

画像も貼り付ける（詳細は生徒作品参照）。

⑤画像サイズを調整し，Pages 1 枚で仕上げ，提出する。

⑥3 学期の授業で，レポートを発表する機会を設ける。

ICT 活用のメリット

できあがった「歌」の内容を示す写真やイメージ画像をレポートに取り込むことや提出されたレポートをプロジェクターで投影し発表するのに，とても便利です。また，辞書アプリ（実際の授業では goo 国語辞書を紹介しました）の語頭指定・語尾指定も利用価値が大きいと感じます。ただし，写真やイメージ画像の準備に当たっては，下記に留意するよう指導しました。

＊自分で写真を撮る場合，撮影許可（特に，人物や個人の所有物を撮る場合）を取ること。

＊インターネット上で写真や画像を探す場合，著作権に配慮（少なくとも出典の明記が必要）すること。

＊著作権フリーの画像サイト（下記　日本語フリッカーで検索）などを紹介。

日本語 Flickr　https://www.flickr.com/groups/51035577168@N01/

「本歌取り」作成レポート（高校3年2学期）の指導例

①実施時期までに，授業で和歌の構造・句切れ・枕詞・掛詞・序詞・縁語などの表現技法や詞書・歌合・歌枕といった用語を復習し，特に「本歌取り」について理解を深める（実際の授業では『近代秀歌』に見られる藤原定家の主張を取り扱いました）。

②新古今和歌集より，各自割り当てられた和歌について解釈や本歌，本歌取りの効果などを調査し，まとめる（実際の授業では本歌が存在し，また本歌取りによる歌・本歌とも Web サイトで解釈を確認しやすいものを授業担当者でリストアップし，生徒に割り当てました）。

③百人一首より任意の一首を本歌として各自で歌をつくり，内容や意図をまとめる。

④iPad の Keynote を用いて，必要事項（歌の内容を説明するのに適当なイラスト・写真なども含む）を作成例に倣って記入し，作成する（詳細は作成例参照）。

⑤画像サイズを調整し，Keynote 7 枚程度で仕上げ，提出する。

ICT 活用のメリット

　割り当てられた和歌について解釈や本歌，本歌取りの効果などを調査することや，百人一首より選んだ任意の一首について調査することに大いに活用できました。歌の内容を説明するのに適当なイラスト・写真などをレポートに取り込むに当たっての留意点は，「沓冠」作成レポートにおける ICT 活用のメリットに記したものと同様です。なお，この課題では keynote を用いてレポートを作成した後，keynote ファイルを再生しながら音声を収録し，動画として編集・提出することも行いました（詳細は生徒作品参照）。

評価と振り返り

　以下に示すような振り返りにつながったのではないかと思います。

・レポート作成を通じて，既習の学習事項を復習する。

・レポート作成を通じて，和歌の世界を実感する。

・発表準備を通じて，自分のレポートの内容を深く理解する。

・他の生徒のレポート（発表）を通じて，多様な発想を知る。

　今後は，パフォーマンス課題として扱い，ルーブリックを準備して評価することが課題です。

（森田崇弘）

スマートフォン BYOD で気軽に意見を見比べる

クラス全員が発言する授業づくり

用意する機器 プロジェクター，タブレット端末またはノートパソコン（教員用），スマートフォンまたはタブレット端末（生徒用）

おすすめの学年 高校１〜３年

領域 〔思考力・判断力・表現力等〕　B　書くこと

授業の概要

　私立学校では入学時にタブレット端末やノートパソコンを指定購入させるケースが増えてきました。しかし，公立学校ではまだまだそのような機会は多くありません。

　一方で，東京都や神奈川県などの公立学校で BYOD（Bring Your Own Devive：生徒自身の端末の利用）が推進され始め，校内 Wi-Fi が整備されるようになりました。その BYOD の鍵になるのが，高校生のおよそ96％が所持しているスマートフォンです（※内閣府「令和元年度　青少年のインターネット利用環境実態調査」より）。ただゲームと SNS をするだけの機械にしてしまってはもったいない，実は高性能で万能な端末です。

　ここでは，生徒が特定のサービスに登録する必要がなく，お金もかからず，気軽に手元のスマートフォンを文具として扱うことに焦点を当てた授業実践をご紹介したいと思います。

ICT の活用法

　今回の授業実践は，アンケートなどの集約に使われる Web サービス「Google フォーム」や「Slido」で授業者が問いを提示して，それを生徒の

スマートフォンから解答させる形態で行います。この2つのサービスを取り上げた理由は，生徒がアカウント登録をしなくても利用でき，生徒の投稿記録をあとから Excel などに集約して授業者が見返せるからです。

　通常の授業のように板書をしながら進行していき，いざ問いの場面でスクリーンに解答作成用の QR コードを提示します（「Google フォーム」の場合，解答用 URL を QR コードへ変換する必要があります。インターネット上にある QR コード作成サイトを活用してください）。

　それを生徒がスマートフォンで読み込み，自動的に開かれたインターネットブラウザのページで解答を入力して送信すると，学習者の端末を通して黒板に投影されたプロジェクターに次々と生徒の解答が列挙される仕組みになっています。

ICT 活用の留意点

　BYOD は生徒の端末ありきの授業形態です。家庭の事情や本人の意思でスマートフォンなどの端末を持っていない生徒がいる場合には配慮が必要です。校内の端末を貸し出したり，スマートフォンで表示されるものと同じ問いを紙で配付したりするなど，生徒が不利に感じないように気配りをしてください。

　また，後述する「評価と振り返り」の際に，どの生徒が投稿した解答かが分かるように，出席番号などを解答欄に加えてください。

ICT 活用のメリット

　生徒にとっても，授業者にとってもメリットがあるのが ICT の本来の姿です。

　生徒にとっては，なかなか手を挙げて発言しづらい状況でも，スマートフォンを使って画面で投稿すれば，少なくとも声を出して発言するよりは抵抗感なく問いに取り組めます。

　授業者にとっては，生徒が「問いに取り組まざるを得ない」状況を自然とつくれることがメリットになります。前述のように生徒に発言させる状況で自由に発言できる生徒が，クラスの中でどれだけいるでしょうか。それ以外の生徒の考えを拾いきれるでしょうか。また，ノートに自分の解答を書いてみようと指示したところで，全ての生徒が解答を熱心に記述するでしょうか。この BYOD では解答がリアルタイムで表示され，解答を終わった生徒の人数が表示され，他の生徒の解答を生徒自身が目視で確認することができます。他の生徒が取り組んでいるのを見てしまうと，さすがに自分だけは答えない，という訳にはいきません。その雰囲気が継続されていくと，お互いに自分の考えた解答をためらわずに自然に出し合えるようになるでしょう。

授業づくりのポイント

　せっかく生徒が勇気を出して投稿してきたコメントです。できる限り時間をとって，それぞれの投稿について取り上げてください。また，模範解答をつくるときにも，生徒の意見から引用してつくりあげると，生徒もお互いの意見を見合いながら「自分のここの部分が良かった」「この部分が足りなかった」という１つ上の解答精度を求める意識が生まれてきます。

評価と振り返り

　ここまでで書きそびれましたが，もう１つの授業者にとっての大きなメリットは，生徒の発言や意見を自動的に記録し，後から簡単に見返せるところです。先程も申し上げましたが，「Google フォーム」や「Slido」にはExcel などへのエクスポート機能が付いています。これを用いることで未提出者の確認が速やかにできるとともに，提出した生徒についてもどのような解答の傾向があるか，誤った解答や方向性が違う解答が多かった場合は，次の授業でどのようにフォローするかを見極めることができます。そして，最終的には単元・学期の評価などに有効に用いることができます。

Question text	User Name
なぜ李徴は、残してきた家族に「自分が死んだ」と伝えて欲しかったのか？	鈴木仁志
虎の姿になり人間ではなくなってきている自分では心身共に家族に会える身ではないから	2715
虎になったということは李徴という人格が死んだのと同じだから	2710
自分が虎になったことが、自分にとっては死んだということだから	2703
自分が虎になっていることが恥ずかしくて家族に知られたくないから	2711
自分が虎になってしまった事を隠すため。	2716
妻子にはもう人間としての李徴が戻ってこないから	2726
家族に見せられる姿でないから	2741
もう人間に戻れなくて虎になったって自分でわかったから	2739
虎になったことを妻子に知られたくないから。	2729
虎になって合わせる顔がなかったから	2719
自分が人から虎になっただけでなく、心まで人ではなくなってしまうから	2708

予想されるトラブル

　おそらくこれを読んでいる多くの先生が懸念されるのは，「授業中にスマートフォンを使ってゲームや SNS をするのではないか」ということだと思います。しかし，実際に授業内で使い続けることで，生徒は目の前のスマートフォンを「学習のための道具」であると感じていくようです。

　生徒のスマートフォンがただのおもちゃではない，ということを生徒自身にも同僚の先生方にも示す意味では意義のある取り組みです。ぜひ挑戦してみてください。

（鈴木仁志）

動画作成によるアウトプット授業

和歌から想起される物語動画をつくろう

用意する機器　タブレット（班に１台），プロジェクター
おすすめの学年　高校１〜３年
領域　〔思考力，判断力，表現力等〕　Ｃ　読むこと

授業の概要

　「古典」に触れる際，授業の中では語彙や文法に頼って読解することが多くなりがちですが，伝統的な文化の１つである和歌や歌物語についての理解を深めながら，古典を学ぶ面白さを感じることができるよう，表現活動を工夫しました。

　具体的には，『伊勢物語』の「芥川」「東下り」「筒井筒」を読んだ後，扱わなかった章段から次の和歌３首（和歌のみ）を取り上げ，その和歌がどのようなストーリー展開の中で詠まれたものなのかを考えさせる授業です。
○「春日野の若紫のすりごろもしのぶの乱れ限り知られず」（初冠）
○「月やあらぬ春や昔の春ならぬわが身ひとつはもとの身にして」（西の対）
○「君や来しわれや行きけむ思ほえず夢かうつつか寝てか冷めてか」（狩の
　使）

　和歌を解釈し，当時の様々な男女の恋愛模様や価値観などを踏まえてストーリーを作成します。動画で発表させることにより，ストーリー展開の面白さだけでなく「古典常識」としてのマナーや振る舞いなどを表現させることもねらいました。それを短歌（俳句）へと変換させることによって，自分たちにより身近なものとして古典世界を味わわせることを目指しました。

　「和歌から物語を想起する」という取り組みにおいては，次の実践を参考

にしています。

〈参考文献〉栃木県総合教育センター「教師のための教材研究のひろば」＞高等学校＞国語＞和歌から想起される物語を書く（http://www.tochigi-edu.ed.jp/hiroba/）

展開例（全7時間）

時	主 な 学 習 活 動
1	**和歌の解釈・物語作成（「ワークシート」①〜③）** 班ごとに扱う和歌を決定し，和歌の解釈（文法的説明や現代語訳など）をした後に，どのような状況でその和歌が詠まれたのかという物語を考える。
2	**撮影カット計画作成（「ワークシート」④）** 物語を動画にするためのストーリーを考え，撮影カット計画を作成する。 **現代語短歌（俳句）への変換（「ワークシート」⑤）** 作成した物語や動画のストーリーを踏まえて，現代語短歌（俳句可）を作成する。
3〜5 （ICT活用）	**撮影・編集作業** 前時に作成した撮影カット計画に沿ってタブレットで撮影し，アプリやソフトで編集して2〜3分の動画にする。 **和歌解釈・現代語短歌（俳句）の模造紙作成** 編集作業と並行して，和歌解釈・現代語短歌（俳句）の際に示す模造紙を作成する。
6 （ICT活用）	**班ごとの発表活動** 作成した和歌の解釈・動画・現代語短歌（俳句）の順で，班ごとに発表する。
7	**原文の確認** 扱った和歌について全員で原文を確認する。自分たちが想起した物語と比較し，相違点や共通点・気づいたことなどについて話し合い，歌物語における和歌と本文との相互の関係を意識する。

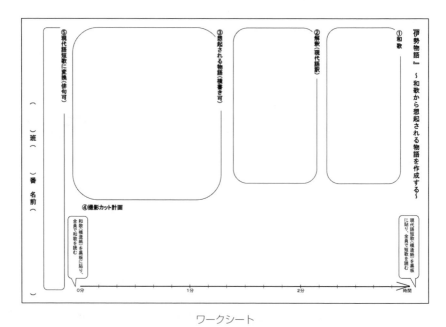

ワークシート

ICT 活用・授業づくりのポイント

　自分たちで生み出したストーリーを動画にするという活動によって，ストーリー性を効果的に伝える言語表現のみならず，マナーや振る舞いとしての「古典常識」についても，撮影カットや演技・BGM の活用などを駆使して当時の世界観を表現する工夫をしました。また，撮影に使用する素材，インターネット上に散在する素材の使い方なども意識させることができました。さらに，撮影・編集に使用するアプリ・ソフトを自由に駆使し，それぞれの特徴も捉えながらの作成なので，他者の活動を参考にしながら協働的に学び合う場となります。

　発表の際，黒板には，右から「和歌の解釈（模造紙に作成）」「動画投影スクリーン」「現代語短歌（模造紙に作成）」と並べました。動画作成も編集にさしかかると活動の量が減ってきます。グループで相談しながら効率よく模

造紙にまとめる時間があること，また，動画のように流れていく発表資料とともに，和歌の解釈やまとめとしての現代語短歌など発表中に残しておきたい資料を区別して作成したいことから，「模造紙作成」の活動も組み合わせました。そして最後に原文と出会うことで，作成したストーリーとの共通点や相違点・気づきなどについて話し合い，歌物語における和歌と物語との関係について考えました。

評価と振り返り

評価シートを用いて，作成した動画・発表態度についてフィードバックしました。また最後に，自分でテーマを設定したレポートを個々に課し，評価しました。「人間の営みと自然との対比」「当時の和歌のやりとりと現代の SNS によるやりとり」「夢や月に対する現代と当時の

評価シート

思いの比較」「歌物語における和歌と物語との関係」「相手とコミュニケーションする際の気遣いについて」など，和歌について十分に学びを深められたからこそ設定されたレポートテーマやその内容に，生徒たちが主体的に学んだことがうかがえました。

動画の中の1コマ

（岡本　歩）

クラウドや教育用SNSを使った遠隔地間交流
文学作品を読み合い「国語力」とは何かを考えよう

用意する機器 教員用および生徒用のPCまたはタブレット端末
おすすめの学年 高校1〜3年
領域 〔思考力，判断力，表現力等〕 C 読むこと

授業の概要と展開例（全7時間）

　この取り組みでは，遠隔地にある学校の生徒たちが同じ文学作品を読み，作品の解釈をクラウドや教育用SNS上に書き込みます。そのうえで，両者がそれに関する質疑応答を繰り返すことで，学びを深化させていくという展開です。ICTを活用することで，遠隔地間での連携授業が可能になりました。

　授業のねらいとして，以下の2つを設定しました。

①語り手の視点や場面の設定の仕方，表現の特色について評価し，内容を解釈することで，文学の価値を考察する。

②主体的・対話的に文学作品を読むことを通して，それまでに培ってきた国語力を客観視し，価値づける。

　今回は，中学生と交流しました。異年齢，それも高校生と中学生ということになれば，作品の解釈は随分違います。中学生の解釈に触れることは，中学生の頃の自分を想起させ，これまでの国語の学びを振り返ることにつながるはずです。それは，文学の価値や文学を読む力とはどういうものかを整理することにもなるはずです。自分と他者の価値判断の違いを知り，自分自身を客観視する態度や力，いわゆるメタ認知能力を養おうというわけです。

　「菜の花や月は東に日は西に」（与謝蕪村）と「やまなし」（宮沢賢治）の2つを教材にしました。どちらも小学校でよく扱われる教材ですが，いろい

ろな解釈がなされている作品でもあります。高校生と中学生が，作品の世界を豊かに想像し，作者の考えに広く思いをめぐらすことができ，そこに小学生からの成長を発見できる作品として，選定しました。

■第1，2時
①単元目標と計画を確認する。
②中学生が「菜の花や……」の自分なりの解釈をクラウドもしくは教育用
　SNS 上に提案する。
③高校生が中学生の書き込みを読み，中学生に質問や助言をする。
④中学生が返信する。

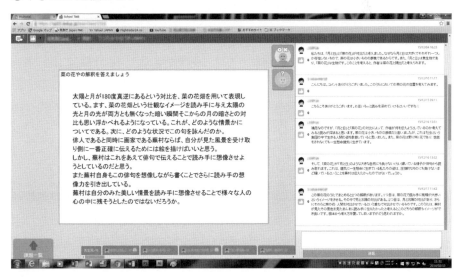

■第3，4時
①交流を通して得た気づきを踏まえて，改めて作品を解釈し直す。
②自分なりの最適解をクラウドもしくは教育用 SNS 上に載せる。
■第5〜7時
①「やまなし」を読んで，主題に迫るための「問い」を立て，クラウドもしくは教育用 SNS 上に提案する。

②全ての「問い」の中から最適と考えられる「問い」を選ぶ。

③最も多くの生徒から選ばれた「問い」について，それが作品の主題に迫る「問い」として最適かを全員で改めて検討する。

④単元の振り返りを行い，自己評価をする。

ICTの活用のメリット

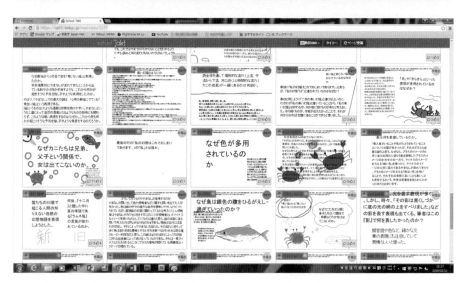

　教材や課題を提示すると，すぐに生徒同士の意見交換が始まりました。さながら読書会です。生徒たちは，中学生が相手なので，いつも以上に「完成度の高い解釈を示そう」という気概に満ちていました。

　中学生の解釈は，生徒たちには「どれも同じレベルだ」と感じられたようです。「中学生たちの解釈は一定のレベルにたどり着いている。ただし，高校生の自分たちがたどり着いた解釈には気づいていない。そのことをどのように中学生に伝えたらよいのか」と，随分熟慮しながら発信していました。同時に，「果たして自分たちの解釈は，遠隔地の年下にわざわざ伝えるだけの価値がある解釈なのか」という迷いが生まれたようです。教室内では，

「作品を深読みしすぎているのではないか」「解釈の根拠は果たして妥当か」「文学はどのように読むべきなのか」などの話し合いが，自然発生的に繰り返されました。ICTによって，中学生との交流が実現したからこそ生まれた学びです。

　クラウドや教育用SNSならば，生徒一人ひとりがIDをもつので，家庭学習として交流することもできます。「相手校からの書き込みがあったら，すぐに返信をしておくこと」と指示しておけば，両校の授業進度が合わないことで困ることはありません。また，生徒の学習状況を把握することが簡単なので，それぞれの様子に応じた声かけをすることもできます。

評価と振り返り

　ある生徒は，授業後に「この授業はものすごく脳が活性化した」と話してくれました。「学習への深いアプローチ」が，生徒の書き込みや授業中のつぶやき，授業の振り返りなどに発見できました。

・作品の解釈に学習経験の差が出た。中学生は，模範となる答えを与えてもらうことで「何が正しいのか」という価値観を身に付ける段階である。それがあるから，高校では自分の価値観で読み取ることができると感じた。
・中学生に納得してもらうためには，根拠がしっかりしていることが必要だったので，雰囲気で分かったつもりになっているのではダメだと気づいた。
・自分と違う考えに出会ったとき，それぞれを評価し，どちらが正しいのかとか，両方とも違うのかもしれないとかを考えられる力は，これから先も話し合いの場などで役に立つ。

　遠隔授業は，教師の打ち合わせが大変だという印象がありますが，決してそのようなことはありません。なぜなら，綿密な打ち合わせができないことが交流校の間に差を生み出し，かえってメリットになるからです。（畝岡睦実）

タブレット端末で問題演習

schoolTakt を使ってお互いの答案を採点してみよう

用意する機器 iPad などのタブレット端末（教員・生徒 1 人 1 台），電子黒板，プロジェクター

おすすめの学年 中学 1 年〜高校 3 年

領域 〔知識及び技能〕

授業の概要

　問題集や入試の過去問を用いた問題演習をする授業では，「問題を解く」「答え合わせ」「解説授業」「復習」という生徒それぞれ個別の活動が主となります。しかし，ICT を活用して答案を共有することで，解答作成のポイントを伝える一方通行の展開になりがちな問題演習の授業も，双方向で吟味し合う活動的な展開となります。

展開例（全 2 時間）

(1)　問題を解き，解答を schoolTakt に貼り付ける

　まず生徒たちは，個人活動として自分で問題を解きます（紙の解答用紙）。次に解き終わった自分の答案用紙をカメラで撮影し，schoolTakt 上に貼り付けます（事前活動（予習）として問題を解き，答案を貼り付けさせておくと，1 時間での展開も可能です）。schoolTakt 上でペン機能を使えば，お互いの答案に直接書き込み採点し合うことができます。選択した複数の答案を並べて見比べることもできるため，答案の到達度も全体で確認することができます。

(2) 教師による解説，相互採点

　設問ごとに答案作成のポイントを解説します。本文をどのように読み，どのような意図でその設問がつくられていて，どう解答を導けばよいのかなど，設問ごとに作成したシートを用いて解説します。その際，採点基準を生徒たちと明確に共有しておきます。

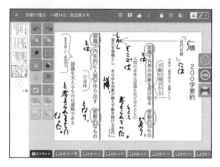

　生徒たちが答案を貼り付けたシートをお互いに見られる状態にして共有し，設問ごとに他人の答案を採点します（ポイントは以下の２点）。

①設問ごとに別の人の答案を採点することとし，なるべく多くの答案を採点するようにすると，様々な解答表現を採点することができます。

②生徒それぞれが使うペンの色を決めておくと，誰がどこを採点したのかがよく分かり，複数の採点者の目で答案を見ていることも分かります。

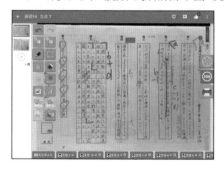
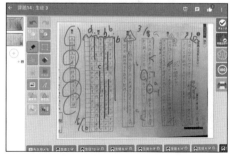

(3) 自己採点

解説や採点基準を踏まえ，採点された自分の答案を参考にしながら，自分の解答用紙（紙）を採点します。そして，採点の終わった自分の答案用紙（紙）を撮影して schoolTakt 上の次のシートに貼り付けます（これを事後活動とすれば時間を短縮で

きます。また，紙の答案用紙を回収することも可能です）。

ICT 活用のメリット

ICT を活用して自分の答案を他者に公開することにより，「自分で解く」段階においても緊張感が生まれるようになりました。答案用紙の空欄も減り，なんとか答えをつくり出そうとする姿勢も見られるようになりました。

また，「他者の答案を採点する」ために設問ごとのポイントや採点基準を明確におさえようとする意識も高まり，客観的に他者の答案に向き合うことによって，答案作成の際にも客観性を意識するようになりました。時間内に１枚でも多くの答案を採点することができれば，設問ごとのポイントも理解しやすくなります。そして，一人ひとりが採点するペンの色を決めておくと，複数の採点者が採点基準を確認し合いながら１つの答案に向き合う様子もよく分かります。さらに，たくさんの答案用紙を一覧で並べることができるため，生徒たちの取り組み具合・進捗状況が確認できるだけでなく，生徒たちがよく答案に書けているポイント（おさえなければならないこと）・なかなか書けていないポイント（おさえておいたほうがよいこと・おさえるのが難しいこと）も生徒たちと共有でき，指導もしやすくなりました。

普段，私たちは記述問題についての個別指導に多くの時間を割いていますが，ここで教師自身が採点者の１人として加わることで，その場で生徒たち

の答案を採点することができるようになりました。

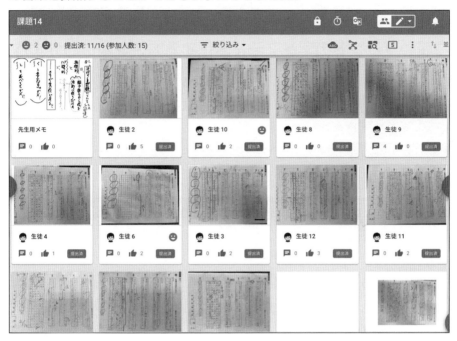

評価と振り返り

　評価としては，他者の答案をどれくらい採点できたか，また，どれくらい正確に採点できたかを，シートをもとに確認することができます。

　大学入試問題演習に取り組む際，最終的には，問題の解説から少し時間をおいて同じ問題を解き直すことが多いのですが，模範解答の単なる暗記ではなく，他者の答案から良い表現を取り入れるなど，よりよい答案作成を追求する姿も見られるようになりました。

（岡本　歩）

Google レンズでなんでもテキスト化
書籍やプリントの字をスライド化する方法を身につけよう

用意する機器　電子黒板，プロジェクター，スマホ，タブレット
おすすめの学年　中学１年～高校３年
領域　〔思考力，判断力，表現力等〕　C　読むこと

授業の概要

 Google レンズ
Google フォト
でテキスト化
・翻訳

※**iPhoneは** G **Google** の中に入っています

　テストや授業のプリントをテキスト化したいと思うことはありませんか。Google レンズを使えばスマホですぐにできてしまいます（iPhone は Google アプリ，iPad は Google フォトを使います）。英語をテキスト化し Google 翻訳で英訳をつけることや，紙のデータから文字をテキスト化し，スライドにすることもできます。授業準備が時短できますよ。

端末により使うアプリが異なります

今回は，iPhone での使い方を解説します。

1　Google アプリをタップすると，検索ウィンドウに右の
　　ようなアイコンがあります。これが Google レンズです。

2　テキストアイコンを選びます。
　　読み取りたい場所を選ぶと，下の写真左のように自動的に文字の場所
　　を認識します。そして，テキストアイコンを押します。

3　「検索しています」→「画像の中にテキストが見つかりました」→
　　必要なテキストの範囲を指定，もしくは「すべてを選択」をタップし
　　ます（青く出ている行が指定された場所になります）。

5　下のウィンドウにテキストが現れます。「コピー」をタップ。

※文章がテキスト化（コピー）されました。

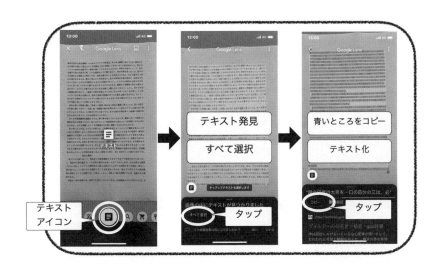

教員でも生徒でもプレゼン資料や授業提示用に使えますね。

発展

　書類をテキスト化したら，今度は授業の提示用やプレゼン資料にしてみましょう。

1　プレゼンアプリを開きます。
　（iPhone，iPadだったらKeynote，
　AndroidやWindowsならPowerPoint）
　※ここではKeynoteで説明します。

2　スライドを1枚選び，編集エリアにGoogleレンズでテキスト化
　したものを貼り付けます。

3　右上のハケのマークをタップ
　→【スタイル　テキスト　配置】のうちの「テキスト」を選びます。
　→テキストの文字の大きさや色はここで変更します。
　→縦書きテキストを「オン」にします。

4　テキストを上に揃えます。

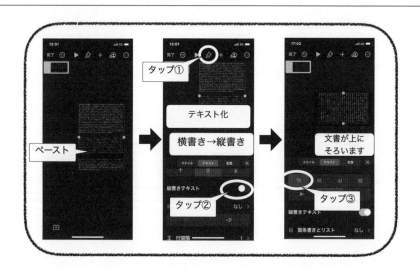

授業の資料が完成

説明動画の QR コード

国語の教科書をプロジェクターに映し出すときに役に立つと思います。

ICT 活用の留意点

　生徒も Google レンズを活用すれば，プレゼン資料づくりが大幅に時間短縮になります。

　さらに，右のように Google アプリの「文A」というカーソルを選択すると，Google 翻訳になります。上部の文字の「自動検出」で，カメラに写っている英語のテキストが自動的に翻訳されます。

　海外旅行の際のメニューの翻訳に使えると思いますよ。 　　　　　　　　　　（吉川牧人）

COLUMN

コロナ禍のオンライン授業

　2020年春のコロナ休校に際して，全国の学校では，学習の遅れや学力格差を防ぐための様々な手立てが講じられました。ビデオ会議システムによる授業への参加を求めたり，教室などで収録した授業動画を視聴させたり，できるだけ通常の授業に近い形での「オンライン授業」を模索した学校もありますし，条件が整わずに PDF やプリントで課題を配付していた学校もありました。学習者への配慮を欠いた一方的な教え込みや過剰な負担を強いる大量の課題配付に終始する場合もありました。

　しかし，学力を担保するために次々にコンテンツを供給することよりも，学習者同士のコンタクトをどのように提供するかということが大事です。授業中の対話だけではなく，通学路での偶発的な出会いや休み時間の語らいなど，学校生活で体験できるはずの様々なコンタクトは，学校が学校として機能するために不可欠です。大量の授業動画を配信したとしても，仲間とのコンタクトの時間を見出せない「オンライン授業」は，「オンライン学校」にはなり得ません。コンテンツよりもコンタクトなのです。

　コロナ休校を経て，再び対面授業ができるようになったときに向き合うことになったのは，学校に通うことの意味を最大化する授業，教員と生徒，生徒と生徒がコンタクトすることの価値が高まる授業をどのように創出するかという問題でした。「そもそも学校とは？」「そもそも授業とは？」「そもそも教師とは？」といった問い直しを忘れるべきではありません。「元通り」に戻るのではなく，コンタクトの価値を高めるために教育 ICT を楽しみ，After コロナの新たな授業を創り出すことに夢や希望を抱ける国語教師でありたいものです。

（野中　潤）

第3章

ポストコロナ時代に
求められる ICT 活用

教育情報化に必要なのは機器整備と教員指導力だったのか？

　2019年11月から世界中に蔓延した新型コロナウイルス感染症（COVID-19）が日本の学校教育に与えた影響はたいへん大きく，2020年2月27日夕方，総理会見で急遽発表された臨時休校措置を発端として，全国の学校は大混乱に陥ることとなりました。大半の教育関係者にとって，この数ヶ月の経験とは，大雑把に次のようなものではなかったでしょうか。

　対面型の一斉授業と紙媒体の手渡しに長らく依存してきた学校は，休校措置によって児童・生徒や保護者との連絡手段を実質奪われたうえに，学期途中の授業カリキュラム・期末試験・行事などがすべて見合わせとなり，4月になっても新学期のスケジュールが組めず，感染拡大が収まらない大都市圏では，6月の分散登校開始まで十分な対面授業が行えない状況が続きました。

　休校期間中は，マスメディアがこぞって「オンライン学習」を報道したことで社会の注目が集まり，各地で保護者の期待がヒートアップしました。インターネット接続や情報機器のない家庭向けに各学校のタブレットやモバイル Wi-Fi ルータの貸し出しが検討され，Zoom など Web 会議ツールを用いた遠隔授業や授業動画撮影，YouTube アップロードに多くの教員が動員されるいっぽう，新しい試みに前向きに取り組もうとする教員と一部の突出を嫌う教育委員会との間のすれ違いやストレスも顕わになりました。

　折しも2019年12月から本格化した文部科学省の GIGA スクール構想は，小中学校・特別支援学校を対象とした学習者1人1台の情報端末整備，小中高等学校を対象とした校内ネットワーク整備をもともと数年かけて行う計画であったものが，2020年度にすべて前倒しされ，ICT は授業用途というよりは，むしろ，臨時休校中の学習を積極的に保証する手段として捉え直されることになりました。

　しかし，2020年6月以降学校再開がなされると，休校措置中の大幅な遅れを取り戻すために，夏休みの短縮や土曜日の時間まで使った詰め込み授業が強行されることとなりました。余裕を失った学校では，もはや ICT 活用ど

ころではなく，再度感染拡大の備えも満足にできない状況で，休校中の「オンライン学習」の強化は半ば放棄されたままとなっています。

マスメディアが報じなかった ICT の本当の意義

　見た目が派手な遠隔授業や授業動画配信といった「オンライン学習」がマスメディアを賑わす一方，地味過ぎて絵にならない，という理由で見逃された貴重な事例もあります。実は，コロナ禍においても大きな障害や混乱を来さず，ICT を活用して淡々と乗り越えた学校こそ真の勝者と言えるのですが，そのことを知る人は多くありません。

　では，ICT 活用で淡々とコロナ禍を乗り越えてきた学校とは，どのような特徴をもっているでしょうか。例えば，

・すでに学習者 1 人 1 台端末整備が行われており，普段からメールや校内 SNS を用いて連絡・告知を行っていたので，登校不可の状況でも連絡手段を失うことがなく，大きな混乱は生じなかった。

・Web 会議ツールを用いて短時間双方向の「オンライン朝の会」や，個別に教員とつないで会話する機会を設けることで，双方の意思疎通を図った。

・リアルタイムの遠隔授業で長時間子どもを画面に縛り付けるのではなく，動画視聴と Microsoft365 や G Suite などのクラウドを用いた課題を組み合わせることで，時間や場面に余裕をもたせた自律的な学習を組織し，添削や返却といったオンライン上でのフィードバックを迅速に行った。

・6 月の学校再開後も，メール・校内 SNS・クラウドといった環境は，対面授業と合わせて継続利用されている。

　このように，学校側は遠隔授業や動画配信に限らず，多様な手段を用いて持続的に学習者の学びを支えていることが分かります。

　さて，多くの学校は GIGA スクール構想の機器が未整備の状況でコロナ禍に突入したため，機器さえなんとかなれば，このような実践は可能と考えるかもしれません。あるいは，授業 ICT 活用のためには教員指導力が必要と長らく文部科学省は主張してきたわけですが，仮に，機器整備と教員指導

力（授業実践）さえ揃えば，このような成功事例を導くことができるのでしょうか？

なぜ多くの学校は ICT の日常利用にたどりつかないのか

この問いに答えるため，１つモデルを示します。革新的な教育 ICT 活用の類型として知られる Puentedula（2010）の SAMR モデルは，授業単位で適用することに批判もあるのですが，中長期的な学校 ICT 活用モデルとして捉えれば，納得しやすいかもしれません。

もともと，情報機器やネットワークを使う積極的意義は，もっぱら単位時間当たりの扱い情報量を飛躍的に増やすことにあるので，二次的効果（例えば教育効果）を得ようとするならば，単位時間当たりの情報効率と利用時間を増やし，総情報量を増加させることが前提条件となります（総情報量が増加しないのに効果らしきものが存在するならば，それは副次的な期待効果にすぎません）。

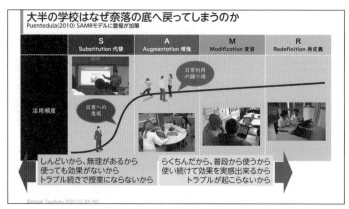

図　SAMR モデルと日常利用に至る急坂課題

筆者が用いる SAMR モデルでは，この圧倒的情報量増加を【A（Augmentation）増強】段階として表現しています。【A増強】段階での圧倒的情報量増加は，授業に限らず利用者の生活シーン全般に及ぶところに

特徴があり，教員がいちいち指示しなくても，児童・生徒が勝手に文房具のように使う，すなわち，日常利用を想定しています。利用頻度・時間の多さが利用者のICT操作スキルを全体的に底上げし，初歩的なエラーが起こらなくなるので，授業での高度な使い方【M変容】【R再定義】につながりやすくなるという訳です。

　しかしながら，我が国の教育情報化では，大半の学校が機能の【S（Substitution）代替】段階に留まり，たいがいの場合，ICT利活用の研究授業でどんなに優れた事例を発表しても，利用頻度の高い日常利用の踊り場に踏み留まれず，奈落の底へ滑り落ちてしまいます。学校での利用が【S代替】段階に留まれば，子どもの利用頻度や時間は家庭条件に依存するので，ICT操作スキルの格差は大きいままですし，手順を逐次示しても操作エラーが頻発するので，授業を中断するリスクが高くなります。つまり，これは授業実践の精緻化（教員指導力）以前の基盤的な問題なので，先に【S代替】から【A増強】に至る急坂課題をなんとか克服しなければなりません。

　学校での日常的ICT活用を阻害する要因にはいくつかありますが，主な理由は次の3つです。

　1つ目として，学校と家庭との間の著しいデジタルデバイドが子どもや保護者にとっては大きなストレスになっているのに，学校側はそれを当然と考えているからです。デジタルデバイドは本来は経済的・世代的・地域的な情報環境格差を示す用語で，これを是正すべき文脈として用いられます。家庭での子どもたちは情報機器に囲まれたデジタル漬けの生活をしていますが，日本の学校は過去20年以上デジタル化を忌避し続けてきたので，もはや，俗世の穢れを嫌う宗教施設や道場のような立場になってしまいました。これでは子どもたちが家庭で培ってきた能力を上手く活かすことができません。

　2つ目として，日本の教育が得意とする教員主導型の指導が，ICT活用の授業実践をよりしんどいものにしているということです。教員主導型一斉授業では，文字通り教員が場面を統制し牽引する役割を担います。子どもたちには自律より従順を求め，学習者側の端末も逐次手順を示して進めますが，

ステップバイステップでは時間を無駄にしやすく，単純なタスクしか割り当てられないうえに，不慣れな子の操作エラーでたびたび授業は中断し，教員側の負担は高くなります。過剰な負担は教員の敬遠につながります。

　3つ目として，ICTの道具的習熟を無視してすぐに教育効果を求めるからです。これまでのICT活用授業研究は，授業場面に慣れない情報機器やシステムを持ち込み，効果的な場面にピンポイントで用いて教育効果を得ようとするものでした。教科目標の達成が最重要で，ICT活用（手段）が目的になってはいけない，という強い戒めは，学校で十分な習熟を得ることを困難にしました。情報効率×利用時間による総情報量増加という前提なしに，いわば，呪術的・護符的効果を求めてしまう，という歪な状況を生んでいます。これでは説得的な効果は得られません。

　では，これらの阻害因を克服するためにはどのような方策が必要でしょうか。特に初期の導入展開に必要なポイントを簡単に4点挙げておきましょう。

①教員主導の教具から学習者中心の文具へ

　情報効率×利用時間による総情報量の増加の大原則を満たすには，利用場面を授業に限定せず，児童・生徒の生活全般で捉えることが必要です。教員主導型教具としての呪縛を解き，学習者本位の文房具として位置付けることで，利用シーンはより多様になります。

　例えば，GIGAスクール構想による1人1台の学習者端末整備は，教具的に捉えるか文具的に捉えるかによって，導入・運用方法が大幅に変わってきます。機器の手渡しや開封の儀（unboxing）といったイニシエーションを行うことや，筐体にシールを貼ってデコったり画面の壁紙を好きなものに変えたりを積極的に促すことを「道具の自分のモノ化」と言います。子どもたちは個性化された道具を大切に扱うようになるでしょう。大切なモノは滅多に壊さないものです。また，壊したりなくしたりしてしまったら自分が一番困るということ，自らの知的な創造活動を支える道具になること，自分自身が使い込んでいくことで道具をより有効に役立てられるということを文具の役割として明確にもたせることが必要です。

②授業活用より学校日常のデジタル化

　導入初期で授業活用への執着が過ぎると，かえって教員は慎重になり，子どもの利用頻度・時間を抑制してしまいますし，せっかく文具として位置付けられた情報機器であっても，学校日常で使うシーンがなければ，あっという間に死蔵・文鎮化してしまいます。死蔵・文鎮化すれば簡単に故障や破損が起こるようになります。学校日常のデジタル化は，おもにコミュニケーションのための情報ライフラインとして電子メール・メッセンジャー・校内SNS を用いることで，毎日，毎時，必ず情報端末を扱う頻度と時間を設け，情報流通の足回りを強化します。

　例えば，手書きの連絡帳をデジタル化したり，朝の数分だけ Web 会議システムで集まって「オンライン朝の会」を行ったり，あるいは，紙媒体だった資料やお便り類をすべて PDF ファイルで提供したり，といったことから始めます。慣れてくれば，リモートで保護者会や個人面談を行ったり，宿題の割り付けや回収添削をオンラインで行ったり，フォームを用いたアンケートを実施したりといった応用が効きます。児童・生徒＋教職員分の情報端末台数で学校日常のデジタル化が進めば，操作トラブルやメンテナンスの必要性も高まります。海外では普通の小中学校の校内にテックセンターが設けられることも多いのですが，大人側（情報担当教員・ICT 支援員・業者）のみならず，児童会生徒会として ICT 委員会を設けてサポートを担ってもよいでしょう。要するに，給食係や生きもの係と同じです。

③継続的な基礎 ICT スキル育成

　学校日常のデジタル化はコミュニケーション用途を圧倒的に強化するので，必然的に基本的な機器操作やテキスト入力の頻度が増えます。すでに家庭で使いこなしている子は何の問題もありませんが，特に経験の少ない子の能力の底上げを図らないと，授業中の初歩的な操作トラブルで授業が中断するリスクが減りません。我が国には情報活用能力の定義はありますが，GIGA スクールのような1人1台想定よりも前につくられたものなので，基礎 ICTスキルを扱う導入カリキュラムとしては十分ではありません。海外では新学

期のスタートアップ・ウィークで集中的に扱うケースが多く見られ，国内では毎週15分モジュールにして年間展開するカリキュラムを開発した学校もあります。他の人とやりとりをクイックに行うためにはキーボードへの習熟が必須ですが，パソコンのキーボードのブラインドタッチを覚えるには，本格的な練習アプリを用いてホームポジションを覚え，単位時間当たりの入力文字数などの指標を用いてレベル把握するのがよいでしょう。

④ ICT活用の抑制・禁止よりも，自律と活用を

　実は，②の情報ライフライン（電子メール・メッセンジャー・校内SNS）を扱ううえで大きな障壁になりかねないのが，情報モラル教育です。日本独自の情報モラル教育は，主にネット利用時の危険性やマイナス面を強調し，リスク回避させることを主眼としてきたため，情報ライフラインのような学校の公式利用でさえ，強烈な拒否感を顕わにする教員が少なくありません。文具としての情報機器を自律的にポジティブに使いこなしてもらうには，従前の情報モラル教育とは異なる文脈と体系が必要とされています。

　欧米では，デジタルコミュニケーションの積極的な道具的社会的意義を認めるデジタルシティズンシップ教育がスタンダードとなっています。その内容は，学習者の自律と課題解決を促すとともに，我々（子どもも大人も）が直面するデジタルジレンマ（デジタルの強い魅力との葛藤）への共感と真正の問いがあることなどを特徴としています。先に述べた基礎ICTスキル育成と合わせ，より実践的な活用を前提としたカリキュラムを組み込むことが求められるでしょう。

　これら４つのポイントは，教科教育の授業実践を起点にすると得られにくいスコープであり，児童・生徒側の日常から基盤を組み立てる視点で初めて気づくようなものばかりです。今はまさに難しい状況に置かれているわけですが，中長期の視野をもった前向きな問題解決とともに，新たな展望が得られることを願ってやみません。

（豊福晋平）

執筆者一覧（執筆順）

野中 潤	都留文科大学教授
岩見 一樹	滋賀県野洲市立三上小学校
佐藤 邦享	元千葉明徳中学校・高等学校／株式会社 LoiLo
岡本 歩	近畿大学附属広島高等学校・中学校　福山校
一木 綾	加藤学園暁秀中学校・高等学校
新井 啓太	相模女子大学中学部・高等部
二田 貴広	奈良女子大学附属中等教育学校
田中 洋美	椙山女学園高等学校
品田 健	聖徳学園中学・高等学校
越智 景子	豊中市立野畑小学校
植田 恭子	前・大阪市立昭和中学校／現・都留文科大学非常勤講師
和田 誠	愛光中学・高等学校
前川 智美	板橋区立高島第二中学校
飯島 崇史	明星中学校・高等学校
渡辺 光輝	お茶の水女子大学附属中学校
畝岡 睦実	岡山県立岡山南高等学校
齋藤 祐	中央大学附属中学校・高等学校
関 康平	開智日本橋学園中学・高等学校
有山裕美子	工学院大学附属中学校・高等学校
田山地範幸	多治見西高等学校非常勤講師
光嶋 美香	就実高等学校・中学校
笠原 諭	西武学園文理高等学校
森 公崇	岩手県立福岡高等学校
犬飼 龍馬	立命館守山中学校・高等学校
森田 崇弘	近畿大学附属高等学校・中学校
鈴木 仁志	東京都立足立西高等学校
吉川 牧人	静岡県立掛川西高等学校
豊福 晋平	国際大学 GLOCOM 准教授

＊第 2 章以降のページ右端に掲載した一行コラムは，主として
Facebook グループ「ICT で国語授業を変える教育者グループ」の先
生方の投稿によるものです。

【編著者紹介】

野中　潤（のなか　じゅん）

東京学芸大学大学院修士課程修了（教育学）。現在，都留文科大学教授。専門分野は国語教育学，日本近代文学。研究テーマに，教科書教材論，教育ICT，敗戦後文学，震災後文学など。ロイロノートスクールやGoogle ClassroomなどのLMS（学習管理システム：Learning Management System）を活用した教育設計の授業や，LMSを活用した相互評価，パフォーマンス評価，まなボードやiPadを活用した教育設計の授業づくりなどを研究している。
編著書に『学びの質を高める！ICTで変える国語授業―基礎スキル＆活用ガイドブック―』（明治図書）。

〔本文イラスト〕木村美穂

学びの質を高める！ICTで変える国語授業2
―応用スキル＆実践事例集―

2021年1月初版第1刷刊	ⓒ編著者	野	中	潤
2021年6月初版第3刷刊	発行者	藤　原	光	政

発行所　明治図書出版株式会社
http://www.meijitosho.co.jp
（企画）林　知里（校正）井草正孝
〒114-0023　東京都北区滝野川7-46-1
振替00160-5-151318　電話03（5907）6703
ご注文窓口　電話03（5907）6668

＊検印省略

組版所　株式会社木元省美堂

本書の無断コピーは，著作権・出版権にふれます。ご注意ください。

Printed in Japan　　　　ISBN978-4-18-345120-0

もれなくクーポンがもらえる！読者アンケートはこちらから